Du sollst den Fremden lieben!

II

Johannes Stephens

Du sollst den Fremden lieben!

Mit Flüchtlingen über den Glauben sprechen

*Bibliografische Information der Deutschen Nationalbibliothek:
Die Deutsche Nationalbibliothek verzeichnet diese Publikation in
der Deutschen Nationalbibliografie; detaillierte bibliografische
Daten sind im Internet über http://dnb.dnb.de abrufbar.*

© 2019 Johannes Stephens

Herstellung und Verlag: BoD – Books on Demand, Norderstedt

*ISBN: **978-3-7481-5676-5***

Inhaltsverzeichnis

Vorwort von Pastor Andreas Wiltzer (Leiter Kinderkirche Solingen).................................. 8

Abkürzungsverzeichnis 14

Einleitung 17

1. Flucht ist kein Verbrechen – Zur Situation von Flüchtlingen in Deutschland 21

2. Flüchtlinge in der Bibel – Zum Umgang mit dem Fremden 45

3. Grundzüge des christlichen Menschenbildes 68

4. Theologische Grundmotive nach Gerd Theißen 78

5. Werte und Einstellungen als Bezugsgrößen für religionspädagogische Reflexionen.......... 94

6. Darstellung der Interviews......................100

7. Auswertung und Einordnung zu den Biblischen Motiven......................................104

8. Perspektiven zur Kommunikation des Evangeliums für Flüchtlinge 118

9. Tipps und Ideen für Kirchengemeinden....122

V

10. Perspektiven für die professionelle Soziale Arbeit 124

11. Als Christ den Flüchtlingen begegnen 127

12. Fazit 130

Glossar ausländer- und asylrechtlicher Begriffe 132

Literaturverzeichnis 157

Leitfaden für die Interviews mit Flüchtlingen 160

Transkriptionen der Interviews 161

Über den Autor Johannes Stephens 161 201

VI

VII

Vorwort von Pastor Andreas Wiltzer (Leiter Kinderkirche Solingen)

Die Lebenssituation von Flüchtlingen in unserem Land – ein Thema, das heutzutage deutlich verstärkt in unseren Medien diskutiert wird und ein neues Bewusstsein, aber auch viele offene Fragen mit sich bringt. Wie gehen wir in Deutschland mit Menschen um, deren Heimatland ihnen offensichtlich nicht mehr ausreichend Perspektive (aufgrund von Armut, Krieg, Terror und Verfolgung) liefert, dort zu verbleiben und die Ihre Hoffnung auf das „reiche, sichere Deutschland" ausrichten?

Und wie reagieren insbesondere wir Christinnen und Christen in Kirchen und Gemeinden auf die zunehmend existentielle Not von entwurzelten Menschen? Haben wir dazu einen besonderen Auftrag, können und sollen wir ein besonderes Motiv haben, das unsere Anstrengungen der Wegbegleitung bis hinein in eine echte Integration verstärkt? Wie begegnen wir mit Anstand, Liebe und Respekt den unterschiedlichen Kulturen, Lebensweisen, Sprachen und Religionen? Wie reagieren wir auf Andersartigkeit in ihrer Vielfalt, wie helfen wir Menschen, deren Nöte oft weit existentieller sind als die, welche wir kennen?

Die Bibel liefert uns deutliche Hinweise dazu, wie Gottes Liebe an Menschen weitergereicht werden soll, welche Hilfe dringend benötigen:

„Gebt den Hungrigen zu essen, nehmt Obdachlose bei euch auf, und wenn ihr einem begegnet, der in Lumpen herumläuft, gebt ihm Kleider! Helft, wo ihr könnt, und verschließt eure Augen nicht vor den Nöten eurer Mitmenschen! Dann wird mein Licht eure Dunkelheit vertreiben wie die Morgensonne, und in kurzer Zeit sind eure Wunden geheilt. Eure barmherzigen Taten gehen vor euch her, meine Macht und Herrlichkeit beschließt euren Zug."

(Jesaja 58,7-8 Hoffnung für alle)

Die Kinderkirche Solingen betreut als Flüchtlingsprojekt Menschen aus verschiedensten Ländern. Sie kommen aus Syrien, Afghanistan, Ghana, Iran, Irak, Osteuropa u.v.m. Im Jahr 2011 haben wir mit einem monatlichen Kinderprogramm (am Anfang mit 30 Kindern) angefangen und aktuell begrüßen wir in unseren zentralen Events bis zu 150 Kinder und über 100 Erwachsene. Der von uns unterhalb der Woche besuchte Personenkreis ist weit größer. Sie gehören zu den aktuell in Solingen weit über 800 ansässigen Flüchtlingen (Stand Ende 2014), die hier mit ihren wenigen Habseligkeiten in einem der 10 Solinger Übergangsheime aufgenommen werden und für jede noch so kleine Hilfe und Unterstützung dankbar sind. Diese realisieren wir in Respekt vor allen Kulturen und religiösen Hintergründen in verschiedenen Dienstbereichen:

- Regelmäßige Besuche, gelebte Freundschaft, Gebetsangebot für Kranke,

- Hilfsgüter für den Haushalt, Kinderkleidung aus unserer Kleiderkammer,

- Deutschkurse,

- Integration von Flüchtlingen in die Mitarbeit (Flüchtlinge helfen Flüchtlingen!),

- Beratungshilfe für Formulare und die Asylsituation insgesamt,

- im Einzelfall auch anwaltliche Begleitung

… Hilfen, die die Liebe Jesu, die wir

selbst erleben dürfen, sichtbar machen.

Es erfreut uns sehr zu sehen, dass innerhalb der Bevölkerung eine grundsätzliche Hilfsbereitschaft sehr wohl vorhanden ist. Viele Menschen melden sich oder kommen einfach vorbei, um Hilfsgüter zu spenden. Ihnen ist die Schere zwischen Arm und Reich hinsichtlich der Flüchtlingssituationen in den Übergangswohnheimen bewusst und sie helfen gerne.

Auswirkungen für unsere christliche Gemeinschaft

Gerade im letzten Projektjahr haben die, aus unseren Angeboten entstandenen, Beziehungen für uns schnell und überraschend eine neue Dynamik bekommen, sodass nun regelmäßig eine hohe Zahl internationaler Gäste unsere gemeindlichen, deutsch geprägten Gottesdienste und weitere Veranstaltungen sehr gerne besuchen.

Sie kommen mit ihrer Sprache, ihrer Kultur und anderen religiösen Hintergründen, haben keine Scheu sich auch mal in die ersten Reihen zu setzen und einfach da zu sein. Querstehende Kinderwagen im Gottesdienstraum, auch englische Lieder, fremdartig klingelnde Handys, Gäste, die Hilfe brauchen, die angesagte Bibelstelle zu finden... all das fordert uns stark heraus, darüber nachzudenken, wie eine klassische und traditionelle deutsche, christliche Gemeinde und diese bunte Schar in einer interkulturellen Begegnung zusammenfinden.

Als Gastgeber haben wir angefangen, uns ganz bewusst darauf einzustellen: Die Anschaffung einer Übersetzungsanlage (Deutsch-Englisch), Bibeln und Literatur in verschiedensten Sprachen, Verzicht auf Schweinefleisch beim gemeinsamen Essen, sprachlich und grafisch geprägte einfache Umgangs- und Kommunikationsformen - dies alles als erste Zeichen der liebevollen Rücksichtnahme und Wertschätzung.

11

Die daraus entstehende Umgangskultur verändert sich dadurch recht schnell. Vom deutschen, höflichen Händedruck bis zur dreimaligen, festen Umarmung ist die bisherige Stammgemeinde mit neuen Freundschafts- und Begrüßungsbekundungen konfrontiert und bereichert. Und auch unter den Flüchtlingen entstehen mehr und mehr interkulturelle Freundschaften.

Gastfreundschaft ist in den meisten dieser Kulturen ein wichtiger, hoher Wert. So laden wir jeden Sonntag zum Gemeinde-Café ein, welches dankbar angenommen wird und das Miteinander stärkt. Es ist ermutigend zu sehen, wie es auch jungen und älteren Gemeindegliedern gelingt, Kontakt aufzunehmen und manches Mal mit Händen und Füßen ein Gespräch zu führen.

Wir sind sehr gespannt, wie die Entwicklung weiter verlaufen wird. Wie können die bisherige Prägung der deutschen Gemeinden und die Impulse aus den Reihen der internationalen Gemeinden in Zukunft zusammenwirken? Wie viel Prägung der deutschen Gemeinden und wie viel der internationalen Gäste werden in Zukunft zusammenwirken? Welchen Ängsten von Gemeindegliedern muss begegnet werden? Wie können wir Sprachbarrieren noch schneller überwinden?

Und darüber hinaus braucht diese nun zusammengewürfelte Schar viele Wunder Gottes, denn nicht wenige sind auch durch Abschiebung und

12

Behördenwillkür bedroht. Haben wir diese Menschen erst einmal ins Herz geschlossen, betrifft es uns als Christen und Christinnen persönlich und verändert unser Gebetsleben. Dankbarkeit für die eigene Freiheit und Sicherheit treibt uns an, der Not dieser Mitmenschen zu begegnen, welche diese Vorzüge nicht genießen durften.

Die so motivierte Gemeinde wird eine andere sein, bereichert und ermutigt, das Evangelium in unserer Stadt „in alle Welt" hinauszutragen. Sie wird engagiert denen beistehen, die Hilfe brauchen. Und wir als Flüchtlingsprojekt stellen uns immer wieder neu ein, auf Menschen, die hier ankommen und denen wir gerne mit allem, was wir können, entgegenkommen wollen. Auch für die Zukunft bleibt ein hoher Bedarf diesen Menschen zu begegnen und mit Rat und Tat zur Seite zu stehen und in jeder noch so kleinen Stadt werden wir Flüchtlinge finden. Und ich würde mir wünschen, dass Christen und Christinnen aus ganzem Herzen reagieren und sich auf diesen segensreichen Einsatz einlassen.

Andreas Wiltzer,

Leiter der Kinderkirche Solingen

Pastor im Bund Freikirchlicher Pfingstgemeinden (BFP)

www.kinderkirche-solingen.de

Abkürzungsverzeichnis

Abb.	Abbildung
Abs.	Absatz
Art.	Artikel
ALG II	Arbeitslosengeld II
AsylblG	Asylbewerberleistungsgesetz
AsylVfG	Asylverfahrensgesetz
AufenthG	Aufenthaltsgesetz
AufenthV	Aufenthaltsverordnung
BAföG	Bundesgesetz über individuelle Förderung der Ausbildung (Bundesausbildungsförderungsgesetz)
BAMF	Bundesamt für Migration und Flüchtlinge
BGB	Bürgerliches Gesetzbuch
BMAS	Bundesministerium für Arbeit und Soziales
BMI	Bundesministerium des Innern
BRD	Bundesrepublik Deutschland
BVerfG	Bundesverfassungsgericht
BVerfGE	Entscheidungen des Bundesverfassungsgerichts
BVerwG	Bundesverwaltungsgericht
bzw.	beziehungsweise
ca.	circa
EFA	Europäisches Fürsorgeabkommen

EG	Europäische Gemeinschaft
EGMR	Europäischer Gerichtshof für Menschenrechte
EMRK	Europäische Menschenrechts- konvention
EU	Europäische Union
EWR	Europäischer Wirtschaftsraum
GG	Grundgesetz
GFK	Genfer Flüchtlingskonvention
ggf.	gegebenenfalls
i.d.R.	in der Regel
IOM	International Organisation for Migration
i.S.d.	im Sinne des / der
i.V.m.	in Verbindung mit
K.d.ö.R.	Körperschaft des öffentlichen Rechts
Mio.	Millionen
NATO	North Atlantic Treaty Orga- nization „Organisation des Nordatlantikvertrags" bzw. Nordatlantikpakt-Organisation
SGB II	Sozialgesetzbuch II – Grundsi- cherung für Arbeitssuchende
sog.	sogenannt / e / es
StGB	Strafgesetzbuch
u.a.	und andere / unter anderem
u.ä.	und ähnliche / s
u.U.	unter Umständen
UN	United Nations (Vereinte Nati- onen)

UNHCR	Hoher Flüchtlingskommissar der Vereinten Nationen (United Nations High Commissioner for Refugees)
VG	Verwaltungsgericht
WHO	World Health Organisation (Weltgesundheitsorganisation)
WTO	World Trade Organisation (Welthandelsorganisation)
z.B.	zum Beispiel

Einleitung

In 3. Mose 19 Verse 33 und 34 heißt es:

„Wenn ein Fremdling bei euch wohnt in eurem Lande, den sollt ihr nicht bedrücken. Er soll bei euch wohnen wie ein Einheimischer unter euch, und du sollst ihn lieben wie dich selbst; denn ihr seid auch Fremdlinge gewesen in Ägyptenland. Ich bin der HERR, euer Gott." (Lutherbibel 2017)

Hierauf bezieht sich der Titel dieses Buches. Der Begriff „Fremdling" oder „Fremder" sind in der Bibel gleichzusetzen mit „Flüchtling". Dies bezeichnet Menschen, die aufgrund einer Hungersnot oder Krieg in ein anderes Land fliehen und sich dort niederlassen müssen. Gott macht an vielen Stellen in der Bibel deutlich, dass diese Menschen unter einem besonderen göttlichen Schutz stehen und sich dies im israelitischen Recht auch wiederfindet.

Auch heute verlassen Flüchtlinge unter Druck und gegen ihren Willen ihre Heimat. Eine Rückkehr ist in der Regel ausgeschlossen und es erwartet sie ein Leben in der Fremde. Jedes Jahr erreichen zehntausende Flüchtlinge die Bundesrepublik Deutschland, um hier Schutz vor Verfolgung zu suchen. Angesichts der knapp 70,8 Millionen[1] Men-

---

[1] Vgl. www.uno-
fluechtlingshilfe.de / informieren / fluechtlingszahlen /

17

schen, welche sich nach Angaben des UNHCR[2], weltweit auf der Flucht in eine ungewisse Zukunft befinden, ist dies nur ein kleiner Teil, welcher Deutschland erreicht. Grund hierfür ist, dass Europa an den Außengrenzen zu einer Festung ausgebaut wurde und u.a. mit Grenzschutzagenturen (z.B. FRONTEX[3]) gesichert ist.

Die kleine Gruppe von Flüchtlingen, welche dennoch ihren Weg nach Deutschland gefunden hat, begegnet hier einem System der Ablehnung und hat einen schweren Weg bis zur Integration und den Möglichkeiten der Teilhabe vor sich. Durch ihre Flucht und die Verfolgung im Heimatland bringen die Flüchtlinge eine oftmals tragische Geschichte mit sich und es bedarf eines gesonderten Umgangs mit diesen traumatischen Erlebnissen.

Niemand setzt sich leichtfertig nachts in ein marodes Boot, wissend, dass der Tod droht. Niemand setzt alles aufs Spiel, lässt alles los – die Heimat, Besitz, Familienangehörige, vielleicht sogar Kinder – und das alles nur in der Hoffnung auf den Bezug von Sozialleistungen. Wer Asyl sucht, kämpft oft ums Überleben. Weil im Herkunftsland Krieg herrscht, Verfolgung droht, Diskriminierung an der Tagesordnung oder die eigene Existenz permanent in Gefahr ist.

Flüchtlinge zu schützen ist eine humanitäre und völkerrechtliche Verpflichtung, die keiner Kosten-Nutzen-Rechnung unterliegen darf. Das Asylrecht in der deutschen Verfassung, die Genfer Flüchtlingskonvention und die

---

[2] United Nations High Commissioner for Refugees
[3] Mehr Informationen unter http://frontex.europa.eu/

Europäische Menschenrechtskonvention, die zum Flüchtlingsschutz verpflichten, wurden als Reaktion auf die Grausamkeiten des Nazi-Regimes und des Zweiten Weltkriegs geschaffen. Wer diese Rechte in Frage stellt, stellt die Grundlagen unseres Rechtsstaats in Frage.

Für die gemeindepädagogische Praxis, insbesondere im Rahmen der Sozialen Arbeit, stellt sich die Frage, wie sich eine Kommunikation des Evangeliums gestalten lässt, welche an die Lebenswelt der Flüchtlinge anknüpft. Dies ist besonders relevant insofern, dass die Kommunikation des Evangeliums auch außerhalb der kirchlichen Räume und somit im Alltag stattfinden kann. Dem ersten praktischen Einstieg in diesen Themenbereich durch Pastor Andreas Wiltzer, folgt nun also die theoretischen Bezüge zum Thema „Asyl und Flucht".

Diesem Anliegen wird in diesem Buch anhand von Leitfaden basierten Interviews mit fünf Flüchtlingen nachgegangen. Dazu findet sich zu Beginn ein ausführlicher Teil zum Thema „Flucht", welcher einen Überblick über die Lebenswelten von Flüchtlingen, sowie konkrete Zahlen liefert und sich abschließend der Frage widmet, ob und wie es ein Menschenrecht auf Asyl gibt bzw. geben kann. Das zweite und dritte Kapitel geben einen Überblick über insgesamt 14 zentrale biblische Grundmotive, welche im weiteren Verlauf des Buches als Analysewerkzeug für die fünf geführten Interviews mit Flüchtlingen darstellen. Dementsprechend finden sich im Anschluss die Betrachtung der interviewten Personen sowie die Auswertung der Interviews mit Hilfe der 14 biblischen Motive. Das Buch schließt mit der Darstellung der Analyseergebnisse und den Perspektiven für die Kommunikation des Evangeliums für die Zielgruppe der Flüchtlinge in Deutschland.

1. Flucht ist kein Verbrechen – Zur Situation von Flüchtlingen in Deutschland[4]

Alle Menschen sind gleich und es gibt keine vermeintlich „besseren" und „schlechteren" Menschen, da jede/r Einzelne als Mensch auf dieser Welt geboren wird. Alle sind vom Ursprung her gleich, gleichwertig und die Würde des Menschen ist unantastbar, zumal der Geburtsort nicht frei wählbar ist.

Als „Flüchtlinge" werden Menschen bezeichnet, welche unter Druck dauerhaft ihren Wohnort wechseln müssen. Niemand verlässt gerne sein Heimatland und seinen Lebensmittelpunkt – die Orte an denen er/sie aufgewachsen ist und wo er/sie viel erlebt hat. Doch „Flüchtlinge" müssen dies tun und flüchten, um das eigene Überleben zu sichern und sich eine Zukunft in der Fremde aufbauen zu können. Im Jahr 2018 waren ca. 70,8 Millionen Menschen weltweit auf der Flucht. Diese Menschen fliehen vor Krieg, Folter, Bürgerkrieg und anderer Verfolgung sowie lebensbedrohlicher Armut oder Naturkatastrophen. Davon leben rund 84% der Geflüchteten nach wie vor in Entwicklungsländern[5]. Die Zahl der Menschen, welche innerhalb ihres

---

[4] Die nachfolgende Darstellung zur Situation von Flüchtlingen findet sich auch ausführlich in meinem Buch „Flucht ist kein Verbrechen" (2013, Akademische Verlagsgesellschaft München)
[5] Vgl. https://www.uno-fluechtlingshilfe.de/informieren/fluechtlingszahlen/

eigenen Landes vertrieben wurden, liegt bei 41,3 Mio. – im Vergleich zu 40 Millionen im Jahr davor. Dies betrifft vor allem Menschen aus Syrien, Kolumbien und der Demokratischen Republik Kongo.[6]

Fast die Hälfte der Flüchtlinge weltweit sind Kinder unter 18 Jahren. Die fünf größten Herkunftsländer von Flüchtlingen sind: Syrien mit 6,7 Mio. Geflüchteten, Afghanistan mit 2,7 Mio. Geflüchtete, Südsudan mit 2,3 Mio. Geflüchteten, Myanmar mit 1,1 Mio. Geflüchteten und Somalia mit 0,9 Mio. Geflüchteten. Dabei leben fast 80% der Flüchtlinge in einem angrenzenden Nachbarsland und somit in Entwicklungsländern. Bei nur 3,5 Millionen geflüchteten Menschen handelt es sich um sog. Asylsuchende, welche anderswo internationalen Schutz als Flüchtlinge suchen und als solche registriert sind[7].

Die kleine Gruppe von Flüchtlingen, welche dennoch ihren Weg nach Europa gefunden hat, begegnet hier einem System der Ablehnung und hat einen schweren Weg bis zur Integration und den Möglichkeiten der Teilhabe vor sich. Durch ihre Flucht und die Verfolgung im Heimatland bringen die Flüchtlinge eine oftmals tragische Geschichte mit sich und es bedarf eines gesonderten Umgangs mit diesen traumatischen Erlebnissen.

---

[6] Vgl. https://www.uno-fluechtlingshilfe.de/informieren/fluechtlingszahlen/
[7] Vgl. https://www.uno-fluechtlingshilfe.de/informieren/fluechtlingszahlen/

Diese Zahlen verdeutlichen, dass nur ein ganz geringer Teil der weltweiten Flüchtlinge ihren Weg nach Deutschland finden.

Deutschland ist ein Einwanderungs- und Zuwanderungsland. Die weltweiten Flüchtlingsströme sind als Folge von politischen, ethnischen und religiösen Verfolgungen, kriegerischen Auseinandersetzungen sowie Naturkatastrophen eine konstante, wenn nicht sogar eine zunehmende Größe. Der Zuwanderungsdruck auf die westlichen, meist wohlhabenden, Industrienationen hat in den letzten zwei Jahrzehnten erheblich zugenommen. Demgegenüber hat die seit 1993 durch die Grundgesetzänderung eingeführte Drittstaatenregelung[8] in Deutschland bewirkt, dass der Zustrom von AsylbewerberInnen[9] nach Deutschland massiv zurückging. Die Drittstaatenregelung etablierte ein Selektionsprinzip des Zugangs, welches im Grundsatz nur noch zwei Einreisemöglichkeiten für ausländische Asylsuchende erlaubt: Entweder bei vorhandenen materiellen Ressourcen mit dem Flugzeug oder die illegale Einreise. Ob

---

[8] Die Drittstaatenregelung besagt, dass politisch verfolgte Personen, welche über den Landweg nach Deutschland, und damit über einen „sicheren" Drittstaat einreisen, keinen Anspruch auf eine Asylanerkennung nach Artikel 16a des Deutschen Grundgesetzes haben. Für diese Personen kommt dann jedoch eine Anerkennung als Flüchtling gemäß der Genfer Flüchtlingskonvention in Frage.
[9] Für alle Bezeichnungen, die auf Personen bezogen sind, wird in der Regel die Form „-Innen/-In" verwendet, sodass beide Geschlechter gemeint sind. Vereinzelt wird auch nur die männliche Form gewählt, z.B. „der Ausländer"", wobei dies keine Diskriminierung des weiblichen Geschlechts darstellen soll, sondern dieses ebenso miteinschließt. Wenn beide Formen ausgeschrieben sind, ist klar, dass beide Geschlechter gemeint sind.

damit die tatsächlich notleidenden, schutzbedürftigen und zumeist traumatisierten Menschen im Sinne unseres Asylrechtes erreicht werden, darf bezweifelt werden.

Im Juli 2012 hat das Bundesverfassungsgericht, nun genau dieses seit 1993 unverändert geltende Asylbewerberleistungsgesetz für verfassungswidrig erklärt. Dieses Gesetz regelt u.a. auch die medizinischen Leistungen für Asylbewerber, welche deutlich auf ein Minimum reduziert sind (vgl. Stephens 2013, S. 5).

Zusätzlich zu der Tatsache, dass Flüchtlinge unter Zwang ihren Wohnort verlassen müssen, gerät aus dem Blick, dass der Umgang mit Flucht und „Flüchtlingen" im Zielland entscheidend dazu beiträgt, ob die Flucht enden kann und ein Neuanfang möglich wird. In Deutschland werden Flüchtlinge durch die institutionell produzierte und politisch gewollte Chancen- und Ausweglosigkeit jeden Tag aufs Neue auf die Tatsache der Flucht, des Verlustes, des Nichtdazugehörens hingewiesen.

Demgegenüber steht in Artikel 14 der Allgemeinen Erklärung der Menschenrechte, dass jeder Mensch das Recht hat Asyl zu suchen und zu genießen. Bei näherer Betrachtung zeigt sich, dass dieses Menschenrecht auf Asyl nur eine Utopie ist. Weiterhin muss es Ziel sein, die Asylsuchenden in ihrem Wunsch nach Schutz und einem menschenwürdigen Leben in Deutschland zu unterstützen, sodass ein gelingender Alltag im Kontext der jeweiligen Lebenswelt möglich wird. Dies kann auch Aufgabe der Gemeinden und Kirchen in Deutschland sein.

Zum Begriff „Flüchtling"

Der Begriff „Flüchtling" versucht eine sehr vielfältige Gruppe zu fassen. Im Alltagsverständnis werden als „Flüchtlinge" die Personen bezeichnet, welche aus Zwang und unfreiwillig ihre Heimat verlassen müssen und woanders Schutz vor Verfolgung suchen.

In der juristischen Tradition in Deutschland, und aufgrund der rechtlichen Situation, werden die Personen als „Flüchtlinge" charakterisiert, welche nach erfolgreichem Abschluss des Asylverfahrens eine Flüchtlingsanerkennung gemäß der Genfer Flüchtlingskonvention erhalten haben.

Die Personen, welche nach Abschluss des Asylverfahrens eine Anerkennung gemäß Art. 16a Grundgesetz erhalten, werden in der Regel als „Asylberechtigte" betitelt.

Als „AsylbewerberIn" werden hingegen die Personen bezeichnet, welche nach Deutschland geflohen sind und hier einen Asylantrag gestellt haben, ohne das darüber bereits entschieden wurde (vgl. Stephens 2013, S. 7).

Das Wort „asylos" kommt aus dem Griechischen und bedeutet „Zufluchtsstätte". Im Altertum war damit nicht ein Territorium eines anderen Staates gemeint, sondern ein Ort, der unter Herrschaft der Götter stand (z.B. Tempel, Kirche, Kloster), sodass dort jede menschliche Herrschaft endete und damit auch die Rechte der politischen Machthaber, einen Menschen zwangsweise festzunehmen. Hier konnte ein Flüchtling, selbst wenn er ein Verbrechen begangen hatte, der Verfolgung durch den Heimatstaat entgehen (vgl. Stephens 2013, S. 8).

Dieser Kerngedanke des Asylrechts setzte sich über die Jahrhunderte hinweg durch und ist auch im heutigen Recht verankert. Im 19. Jahrhundert setzte sich zunehmend auch der Schutz für politische Flüchtlinge durch. Jeder Staat hat demnach das Recht einen Flüchtling nicht auszuliefern. Vorbehalte gab und gibt es aufgrund von bilateralen Auslieferungsverträgen für politische Flüchtlinge (vgl. ebd.).

Zum Charakter der Flucht

Flüchtlinge, egal aus welchen Teilen der Welt, verlassen nicht freiwillig ihre Heimat, sondern werden durch äußere Umstände zur Migration/Flucht gezwungen. Betrachtet man realistisch die Flüchtlingszahlen in Deutschland im weltweiten Vergleich, so wird deutlich, dass nur ein ganz kleiner Anteil aller Flüchtlinge es bis nach Deutschland schafft. Flüchtlinge, welche bis nach Deutschland kommen, treffen hier auf ein System der Kontrolle und der Ablehnung. Sie werden in Gemeinschaftsunterkünften untergebracht und es dauert mitunter länger als ein Jahr, bis es zur Anhörung durch das Bundesamt für Migration und Flüchtlinge (BAMF) im Rahmen des Asylverfahrens kommt. Bis zum Bescheid über Anerkennung oder Ablehnung dauert es dann nochmals mehrere Monate bis Jahre (vgl. Stephens 2013, S. 17).

Somit leben Flüchtlinge unter Umständen mehrere Jahre in der Unsicherheit über ihren Status hier in Deutschland - immer in der Angst vor der Abschiebung zurück ins Heimatland. Jeder Flüchtling leidet unter dem Zustand der

Entwurzelung und muss häufig auf seinen Besitz, den Freundeskreis, ja sogar auf seine Familie verzichten. Er lebt zunächst isoliert in einer Umgebung, von der er sich durch Erziehung, Kultur und Mentalität unterscheidet. Fremdartiges Aussehen und Sprachbarrieren vermögen seine Vereinsamung noch erheblich zu steigern (vgl. ebd.).

Kurzer Abriss zur Geschichte des Schutzes von Flüchtlingen in Deutschland

Das Grundgesetz der Bundesrepublik Deutschland unternahm mit dem damaligen Art. 16 Absatz 2 Satz 2 den Versuch über das Völkerrecht hinauszugehen und ein subjektives Recht auf Asyl zu gewähren. Dies geschah unter dem Eindruck der Flüchtlinge während und nach dem Dritten Reich. Es sollte sichergestellt werden, dass kein Schutzsuchender an der Staatsgrenze zurückgewiesen oder in seinen Verfolgerstaat abgeschoben wird (vgl. ebd.).

Erst als seit Mitte der 70er-Jahre die Flüchtlingszahlen anstiegen, sah sich die Bundesregierung veranlasst, das Grundgesetz zu ändern und 1993 den Art. 16a Grundgesetz einzuführen. Mit der „Sicheren-Drittstaaten-Regelung" wurde die Möglichkeit auf Asyl für politisch Verfolgte stark eingegrenzt. Ansonsten blieb nur die Möglichkeit des Flüchtlingsstatus gemäß der Genfer Flüchtlingskonvention (GFK) (vgl. Stephens 2013, S. 17f.).

Asylgewährung in Deutschland hängt somit weniger von der tatsächlich erlittenen Verfolgung als von der Wahl des Fluchtweges ab. Mit dieser Einschränkung des Asylrechts und die Reduzierung auf die GFK geht die Bundesrepublik Deutschland konform mit den übrigen europäischen Staaten, welche ebenfalls eine Überfremdung und eine Zuwanderung in die Sozialsysteme fürchten (vgl. ebd.).

Als das Schengener-Abkommen die Binnengrenzen Europas für den freien Reiseverkehr und die Binnenmigration öffnete, verschob sich der Fokus auf die Sicherung und die Abschottung der EU-Außengrenzen. Mittlerweile hat die EU die Visumspflicht auf über 130 Staaten ausgeweitet (vgl. ebd.).

Soweit es nun Flüchtlingen gelingt, innerhalb der Europäischen Union bzw. in Deutschland einen Asylantrag zu stellen, müssen sie sich auf ein kräftezehrendes Ringen mit den Behörden einstellen. Die Anträge sind stets auf Deutsch zu stellen und das BAMF sowie die Ausländerbehörde senden ihre Schreiben ebenfalls auf Deutsch zu den Flüchtlingen. Während des Asylverfahrens ist in der ersten Zeit die Erwerbstätigkeit nicht und danach nur mit Ausnahmegenehmigung gestattet (vgl. ebd.).

Zahlen und Fakten

Nachfolgend die aktuellsten Zahlen in Bezug auf Asylanträge in Deutschland:

Flüchtlinge und AsylbewerberInnen zeichnen sich dadurch aus, dass sie ihr Heimatland verlassen, bis sich die Umstände, welche sie zur Flucht veranlassten, geändert haben. Meistens sind sie jedoch gezwungen, längere Zeit zu bleiben und es finden Integrations- und Akkulturationsprozesse statt (vgl. Diakonisches Werk der evangelischen Kirche in Deutschland 1996, S.11).

Die Erfahrung und Geschichte der Menschheit zeigen, dass viele Menschen auch nie mehr in ihr Heimatland zurückkehren, sondern über viele Generationen hinweg in Deutschland bleiben und heimisch werden. Realistisch betrachtet muss jedoch festgehalten werden, dass nur ein ganz kleiner Bruchteil der weltweiten millionenfachen Flüchtlinge in Deutschland ankommen. Die meisten scheitern bereits vorher an den Außengrenzen der „Festung Europa" und haben keinerlei Möglichkeit in Europa Schutz zu suchen. Dafür sorgen u.a. Grenzschutzagenturen wie „Frontex" etc.

Entwicklung Asylantragszahlen			
Zeitraum	Asylanträge insgesamt	Davon Erstanträge auf Asyl	davon Folgeanträge auf Asyl
1995	166.951	127.937	39.014
1996	149.193	116.367	32.826
1997	151.700	104.353	47.347
2010	48.589	41.332	7.257
2011	53.347	45.741	7.606
2012	77.651	64.539	13.112
2013	127.023	109.580	17.443
2014	202.834	173.072	29.762
2015	476.649	441.899	34.750
2016	745.545	722.370	23.175
2017	222.683	198.317	24.366
2018	185.853	161.931	23.922
Quelle: Bundesamt für Migration 2019, S. 11 eigene Darstellung			

Doch fast jedes zweite Asylverfahren endet mit einer ablehnenden Entscheidung durch das Bundesamt für Migration und Flüchtlinge (BAMF)[10]. Dieser Fakt verdeutlicht die vielfältig schwierige Lage von AsylbewerberInnen in Deutschland. An eine Ablehnung schließt sich in der Regel ein u.U. langjähriges Klageverfahren an, sodass bis zur endgültigen und unanfechtbaren Ablehnung als Asylbe-

---

[10] Aktuelle Zahlen zu Flüchtlingen und zur Entscheidungsquote des BAMF finden sich unter www.bamf.de

werberIn in Deutschland nicht selten drei bis fünf Jahre vergehen (vgl. Bundesamt für Migration und Flüchtlinge 2014, S. 8).

In dieser langen Zeit lernen die Menschen die deutsche Sprache, knüpfen Kontakte und bauen sich hier in Deutschland ein, wenn auch bescheidenes, neues Leben auf. Nach den Jahren der Ungewissheit werden sie dann unter Umständen gezwungen wieder alles aufzugeben. Nicht wenige wählen den Weg in die Illegalität und tauchen ab (vgl. Stephens 2013, S. 21).

Unter der Perspektive von Partizipation und Ausschluss wird deutlich, dass den AsylbewerberInnen wenig bis gar kein Raum für Partizipation gegeben wird. Stattdessen sind Flüchtlinge zum Nichtstun verordnet und haben kaum eine Perspektive. Allein schon die konstant hohe Asyl-Ablehnungsquote des BAMF in den letzten Jahren verdeutlicht den Ausschluss aus der deutschen Gesellschaft. AsylbewerberInnen bleiben isoliert und statt Integration legt der Gesetzgeber den Fokus auf die Vorbereitung der Rückkehr ins Heimatland, unabhängig von erlebter Verfolgung bzw. drohendem Schaden für Leib und Leben (vgl. ebd.).

Gibt es ein Menschenrecht auf Asyl?

Ursprünglich sind die Menschenrechte im Humanismus zur Zeit der Aufklärung begründet und gehen davon aus, dass alle Menschen allein aufgrund ihres Menschseins mit gleichen Rechten ausgestattet sind und diese egalitär begründeten Rechte universell, unteilbar und unveräußerlich sind. Dabei sind die Menschenrechte subjektive Rechte, welche jedem Menschen gleichermaßen zustehen. Im Verständnis des Menschen als von Gott geschaffenes und geliebtes ebenbildliches Wesen ist auch dementsprechend eine biblische Begründung der Menschenrechte denkbar und nachvollziehbar.

Gemäß Art. 14 der Allgemeinen Erklärung der Menschenrechte aus dem Jahr 1948 hat jeder Mensch das Recht in anderen Ländern vor Verfolgung „Asyl zu suchen und zu genießen". Dennoch besitzen politisch Verfolgte nach dem Völkerrecht keinen individuellen Anspruch auf Gewährung von Asyl. Vielmehr gehört es nach wie vor zu den Rechten eines souveränen Staates Asyl zu gewähren oder auch abzulehnen.

Das Asylrecht ist eines der ältesten Institutionen der Menschheit und ihr liegen rechtliche und religiöse Vorstellungen zugrunde. Dabei ist das Asylrecht nicht frei von moralischen und ethischen Wertungen. Nach allgemeinem Völkerrecht gibt es kein Recht einer aus politischen, rassischen oder religiösen Gründen verfolgten Person auf Zuflucht in einem Staat seiner Wahl[11] zu gewähren. Das Völkerrecht garantiert lediglich die Befugnis der Staaten, den Verfolgten territoriales Asyl zu gewähren. Viele Aufnahmeländer haben mittlerweile die Genfer Flüchtlingskon-

---

[11] In Europa wird dies mit der Dublin-II Verordnung bzw. Dublin III Verordnung deutlich, nach welcher in der Regel der Staat für das Asylverfahren zuständig ist, den der Flüchtling zuerst betreten hat.

vention von 1951 unterschrieben, welche sie zur Gewährung von Asyl und einem Mindestschutzstandard verpflichtet. Die GFK begründet aber nicht den Anspruch des Einzelnen auf Asylgewährung, daher gibt es kein subjektiv-individuelles Recht auf Asyl (vgl. Stephens 2013, S. 63f.).

„Jeder hat das Recht, in anderen Ländern vor Verfolgung Asyl zu suchen und zu genießen", so lautet der 14. Artikel der Allgemeinen Erklärung der Menschenrechte, die am 10. Dezember 1948 von der UN Generalversammlung verabschiedet worden ist. Doch die Allgemeine Erklärung der Menschenrechte garantiert kein Asylrecht, da es sich hierbei nur um Empfehlungen und kein Recht handelt. Dieses individuelle Asylrecht ist nur eine Zielvorgabe und kein Völkervertragsrecht (vgl. Stephens 2013, S. 64).

Weiterhin wird bei der Betrachtung der Menschenrechte deutlich, dass es diese Rechte nur geben kann, wo es auch Pflichten gibt. Dabei zielen die Menschenrechte im moralischen Sinne auf die Erfüllung bestimmter moralischer Forderungen an jedermann. Ebenso sind Menschenrechte die Rechte auf die Erfüllung bestimmter moralischer Forderungen an den Staat. Hieran werden die Dialektik und doppelte Zielgerichtetheit der Menschenrechte sichtbar (vgl. ebd.).

Grundlage dieser allgemeinen Rechte bildet dabei die Menschenwürde, welche gemäß Art. 1 GG „unantastbar" und „zu achten und zu schützen" ist. Dies ist die Verpflichtung aller staatlicher Gewalt. Die Menschenwürde ist für jedermann gültig und zielt auf die Befriedigung der basalen[12] Grundbedürfnisse des Menschen. Für jede einzelne Person soll die Möglichkeit geschaffen werden, eine Person mit freier Willensbildung sein zu können. Dem stehen Folter, unmenschliche Behandlung, Gehirnwäsche etc. entgegen, weshalb das Verbot von Folter auch zu den Menschenrechten (Art. 5 Europäische Menschenrechtskonvention) zählt (vgl. ebd.).

In den Forderungen der Menschenwürde an den Staat, ist dieser aufgefordert, durch die Transformation der Elemente der Menschenwürde in juridische Pflichten und Rechtsnormen, die Menschenwürde zu schützen und Verletzungen dieser zu ahnden und zu bestrafen (vgl. ebd.). Dies bedeutet, dass der Staat aufgefordert ist für jedes einzelne Menschenrecht ein Gesetz zu verfassen und zu verabschieden, welches dieses Element der Menschenrechte schützt und die Verletzung von eben diesem unter Strafe stellt.

Die ideologische Bedeutung der Menschenrechte ist hingegen umstritten und nicht von allen Ländern anerkannt. Dadurch ist eine juristische Durchsetzung der Menschenrechte nicht möglich, da dies eine nationalstaatliche Rechtsordnung voraussetzen würde. Zumindest ist es mittlerweile möglich in Straßburg beim Europäischen Gerichtshof für Menschenrechte gegen Verletzungen der Menschenrechte zu klagen. Dies beinhaltet ein individuelles Klagerecht (vgl. ebd.).

---

[12] Hierzu zählen u.a. Sicherheit, Vertrauen, Vitalfunktionen, Körpererleben

Bei der Frage ob es ein Menschenrecht auf Asyl gibt, bleibt festzuhalten, dass das Recht „Asyl zu suchen und zu genießen" zwar in der Allgemeinen Erklärung der Menschenrechte in Artikel 14 verankert ist, dies jedoch kein „hartes Recht" darstellt, sondern lediglich eine Empfehlung an die Staaten. Europa investiert viel Energie und Ressourcen in Abschottung der Grenzen, besonders im Süden Europas. Als Beispiel ist die bereits erwähnte europäische Agentur „Frontex[13]" zu nennen, welche seit mehreren Jahren dafür zuständig ist, die eben beschriebenen Grenzen zu sichern und Einwanderer abzuwehren. Diese Abschirmung stellt an sich bereits eine Verletzung des Menschenrechts nach Art. 14 der Allgemeinen Erklärung der Menschenrechte dar, da den Flüchtlingen damit der Zugang zu einem fairen Asylverfahren verwehrt wird (vgl. Stephens 2013, S. 65).

Staatliche Gewalt, welche einzelne Personen oder Gruppen unterdrückt und verfolgt, ist rechtlich nicht begründbar. Die Opfer dieser Gewalt sind vom Erzeugungsprozess ausgeschlossen und erfahren Recht nicht mehr als individuellen Schutz, sondern als Zwang. Mit der Flucht über die Staatsgrenzen hinaus lösen, sie sich aus diesem Zwang und aus der repressiven Rechtsstruktur. Jedoch löst der Kontakt mit anderen staatlichen Territorien neue, durch objektive Normen geregelte Rechtsbeziehungen aus. Diese territoriale Verschiebung und die Folgen davon müssen durch das Völkerrecht als verfasste materielle Gemeinschaftsordnung

---

13 Mehr Informationen unter http://frontex.europa.eu/

der Staaten geregelt werden. Die Menschenrechte vermitteln in erster Linie einen Schutzanspruch gegen den Heimatstaat. Damit gilt das Auswanderungsrecht als völkerrechtlicher Schutzanspruch vor menschenrechtswidriger Herrschaftsausübung. Wenn man sich nun ein konstitutives Asylanerkennungsrecht vorstellt, so wird die nationalstaatliche Abhängigkeit der Menschenrechte deutlich (vgl. Marx 1984, S. 165ff. zitiert nach Stephens 2013, S. 65).

Gibt es nun ein Menschenrecht auf Asyl? Ein menschenrechtliches Asylrecht würde eine Garantenpflicht voraussetzen, welche jedoch nicht existiert. Diese Garantenpflicht bedeutet, ein rechtliches Einstehen dafür, dass ein Erfolg nicht eintritt (vgl. §13 Strafgesetzbuch). Gerade durch die fehlende nationalstaatliche Abhängigkeit der Menschenrechte wird deutlich, dass es keine menschenrechtliche Begründung des Asylrechts geben kann, obwohl das Recht „Asyl zu suchen und zu genießen" in Art. 4 der Erklärung der Allgemeinen Menschenrechte festgehalten ist (vgl. Stephens 2013, S. 65).

Reinhard Marx fasst dieses Dilemma wie folgt zusammen:

„Nach überlieferter Ansicht setzt nämlich die Anerkennung des Menschen als Rechtsperson eine nationale Gemeinschaft voraus. Solange aber die aufenthaltsrechtliche Frage des völkerrechtlichen Asylrechts nicht geregelt ist, kann es auch heute noch zu Ausstoßung aus der Menschheit führen." (Marx 1984, S. 152)

Die Unmöglichkeit eines Aufenthaltsrechts und damit eines rechtlichen Bezugssystems für den Flüchtling hat demnach den Verlust des Rechtes, Rechte haben zu können, zur Folge. Die rechtsverbindliche Anerkennung individueller Rechte setzt ein innerstaatliches Normengeflecht voraus. Die Herauslösung aus dieser nationalen Rechtsstruktur hat die vollständige Unfähigkeit Rechte haben zu können, zur Folge. Daher bedarf es der Festlegung der konsensfähigen Rechtsgrundlagen der Menschenrechte, welche u.a. die aufenthaltsrechtlichen Fragen klärt (vgl. Arendt 1981, S. 159/ Jellinek 1959, S. 419/ Marx 1984, S. 152).

In diesem Zusammenhang bleibt noch die Möglichkeit kurz zu untersuchen[14], inwiefern das Asylrecht ein moralisches Menschenrecht darstellt. Der amerikanische Philosoph John Rawls (1921-2002), Professor der Harvard University, hat mit seinem 1971 erschienen Buch „A theory of justice" (zu Deutsch „Eine Theorie der Gerechtigkeit") einen wichtigen Beitrag zur Gerechtigkeitsphilosophie des 20. Jahrhunderts beigetragen. Besonders deutlich wird dies daran, dass seitdem keine Philosophie der Gerechtigkeit denkbar zu sein scheint, die sich nicht in irgendeiner Weise auf Rawls bezieht – sei es positiv und weiterdenkend oder negativ und kritisch (vgl. Stephens 2013, S. 66).

---

[14] Für eine ausführliche Darstellung von der Übertragung von Rawls Ansatz auf das Asylrecht sei auf Martino Mona verwiesen: „Das Recht auf Immigration. Rechtsphilosophische Begründung eines originären Rechts auf Einwanderung im liberalen Staat" aus dem Jahr 2007.

Bei Rawls besteht der entscheidende Gedanke seiner Gerechtigkeitstheorie darin, dass die Grundsätze der Gerechtigkeit aus der Idee der fairen Kooperation zwischen Menschen, welche sich gegenseitig als frei und gleich anerkennen, abgeleitet werden. Dabei entwickelt Rawls dieses Konzept unter Rückgriff auf die Theorie des Gesellschaftsvertrages (Kontraktualismus). Unter diesen Bedingungen ergeben sich für Rawls zwei wichtige Anforderungen an die Soziale Gerechtigkeit:

1. Die persönlichen Freiheitsrechte (liberale Grund- und Menschenrechte) müssen unbedingt respektiert werden. Dabei haben sie immer Vorrang vor Gleichheitsforderungen („Freiheitsprinzip").

2. Grundsätzlich muss soziale und ökonomische Gleichheit herrschen (vgl. Ebert 2010, S.246ff.).

Für Rawls ist Ungleichheit nur unter zwei Bedingungen zulässig („Differenzprinzip"), wenn

1. Positionen und Ämter für alle zugänglich sind. Dies soll nicht nur im Sinne formaler Rechtsgleichheit der Fall sein sondern auch im Sinne realer Chancengleichheit.

2. die soziale und ökonomische Ungleichheit sich in dem Sinne vorteilhaft für die relativ am schlechtesten Gestellten auswirkt, sodass sie besser gestellt sind als es bei Gleichverteilung der Fall wäre (vgl. Stephens 2013, S. 66f.).

Zu Beginn aller Überlegungen steht für Rawls der sog. „Schleier des Nichtwissens", welcher vor dem Entstehen einer Gesellschaft besteht. Kein Bürger weiß, wo er nach der Konstitution des neuen Staates landet und hat nach Rawls ein Interesse daran, eine möglichst gute Position einzunehmen. Sollte er die „schlechteste Position" zugewiesen bekommen, so hat er ein Interesse daran, dass die Bedingungen hierfür immer noch akzeptabel sind. Daher wird vorher ein Gesellschaftsvertrag entworfen, dem jeder zustimmen kann, auch wenn er/sie noch nicht weiß, wo er/sie stehen wird, sobald der Schleier aufgehoben und die Gesellschaft neu konstituiert ist (vgl. Stephens 2013, S. 67).

Überträgt man dieses Konzept auf das Asylrecht, lässt sich sagen, dass gleiche Grundfreiheiten auch Migrationsfreiheit heißt. Denkt man sich nun eine Globalisierung des Urzustandes und den „Schleier des Nichtwissens" für alle Menschen weltweit, wird sichtbar, dass sich hierüber durchaus ein Asylrecht begründen lässt. Wobei Martino Mona in seinem Buch „Das Recht auf Immigration. Rechtsphilosophische Begründung eins originären Rechts auf Einwanderung im liberalen Staat" (2007) für eine weltweite Freizügigkeit plädiert, wodurch das Asylrecht seine Bedeutung verlieren würde. An die Stelle des Asylrechts würde somit ein Recht auf globale Freizügigkeit treten (vgl. Stephens 2013, S. 67).

Bei all diesen Überlegungen ist jedoch zu beachten, dass Rawls immer einen Bezug zu bereits bestehenden Gesellschaften vor Augen hatte. Deshalb bleiben die Überlegungen zu einer moralischen Begründung des Asylrechts auf Grundlage von Rawls Gerechtigkeitstheorie nur theoretisch (vgl. Stephens 2013, S. 67).

Abschließend bleibt festzuhalten, dass das eigentliche Weltflüchtlingsproblem in den Herkunftsstaaten der Flüchtlinge liegt. Dort geben Krieg, Folter, Armut, Hunger, Naturkatastrophen etc. den Anlass das eigene Land zu verlassen, um das Überleben zu sichern. Durch die westliche kapitalistische Wirtschaftspolitik und eine verfehlte Entwicklungshilfe, gerät die sog. „Dritte Welt" (Entwicklungsländer) immer tiefer in die Abhängigkeit von der westlichen Welt (vgl. Stephens 2013, S. 67).

Zusammenfassung

Wanderungsbewegungen gehören zur Menschheitsgeschichte. Hierbei wird zwischen freiwilliger (z.B. Arbeitsmigration) und unfreiwilliger Migration (z.B. Flucht) unterschieden. Dabei hat ebenfalls die Unterscheidung in ein Recht/Gesetz für die eigenen BürgerInnen einerseits und ein Recht/Gesetz für die Fremden bzw. AusländerInnen andererseits eine lange Tradition (vgl. Frings/ Tießler-Marenda 2009, S.13).

Neben der Tatsache, dass Flüchtlinge unter Zwang ihren Wohnort verlassen müssen, gerät aus dem Blick, dass der Umgang mit Flucht und „Flüchtlingen" im Zielland entscheiden dazu beiträgt, ob die Flucht enden kann und ein Neuanfang möglich wird. Dabei produzieren nun die deutsche Politik und die Verwaltung eine vermeintlich einheitliche soziale Gruppe der „Flüchtlinge". Dies vernachlässigt die individuellen Schicksale, Persönlichkeiten sowie die individuellen Fluchtgründe (vgl. Stephens 2013, S. 68).

Dabei dient das deutsche Ausländer- und Asylrecht vor allem dem Schutz der aufnehmenden Gesellschaft. So lautet auch der Titel des Zuwanderungsgesetzes von 2005: „Gesetz zur Steuerung und Begrenzung der Zuwanderung und zur Regelung des Aufenthalts und der Integration von Unionsbürgern und Ausländern". Die deutsche Politik verkennt dabei die eigene Verantwortung für die katastrophalen Zustände in den Herkunftsländern der Flüchtlinge. Stattdessen werden immer mehr Anstrengungen unternommen, um die eigenen Grenzen, und auch die Grenzen Europas, abzuschotten und so weiteren Zustrom zu verhindern (vgl. Stephens 2013, S. 68).

Insgesamt ist in Europa der Gedanke des Nationalstaats tief verankert und führt dazu, dass Staaten definieren können, wer dazu gehört und wer auch nicht. So sind Flüchtlinge immer „die Anderen" und werden stets als Bedrohung wahrgenommen, welche es abzuwehren gilt. Gleichzeitig ist die Konstruktion der Gruppe „Flüchtlinge" innerhalb der Länder gewollt und Flüchtlinge werden damit zur Projektionsfläche von Aggression und Rassismus innerhalb der Gesellschaft. Dies trägt zum Machterhalt der bestehenden Strukturen bei (vgl. Stephens 2013, S. 68).

Dieser Logik der Abschreckung und der Nationalstaatsideologie mit eigenen „Bürgern" ist es zu verdanken, dass Flüchtlingen in Deutschland die Integration weitestgehend untersagt bleibt. Sie waren „Fremde" als sie kamen und bleiben es, damit man sie so schnell wie möglich wieder zurückschieben kann (vgl. Stephens 2013, S. 68).

Daher wird traditionell das Ausländerrecht auch dem Ordnungs- und Sicherheitsrecht zugeordnet. Dabei ist nicht nur geregelt, unter welchen Umständen der/die AusländerIn einreisen und sich hier aufhalten darf und welche wirtschaftlichen und sozialen Rechte ihm/ihr dabei zugestanden wird. Vor allem legt es fest, wann ein/e AusländerIn wegen einer Gefahr, die von ihm/ihr ausgeht, entweder nicht einreisen darf oder wieder ausreisen muss. Gleichzeitig finden sich viele gesetzliche Bestimmungen, die festlegen, welche Personengruppen überhaupt einen Anspruch auf Schutz und Aufenthalt in Deutschland haben (vgl. Frings/Tießler-Marenda 2009, S.14)

In der Praxis der gemeindepädagogischen Arbeit mit MigrantInnen und Flüchtlingen führt dies zu einem kaum zu überschauenden Rechtsgebiet. Im Einzelfall gelten jeweils einzelne Bestimmungen und eine Verallgemeinerung ist kaum möglich (vgl. Stephens 2013, S. 68).

Generell lässt sich sagen, dass der Aufenthaltsstatus, der Aufenthaltsgrund und die Staatsangehörigkeit über die Lebensqualität in Deutschland entscheiden. Diese Faktoren haben außerdem Auswirkungen u.a. auf die Zugangsrechte zu sozialen Leistungen, Bildung und Arbeitsmarkt sowie auf gesellschaftliche und politische Teilhabe. Dabei steht die Duldung, welche kein Aufenthaltstitel ist, ganz am Ende (vgl. Frings/ Tießler-Marenda 2009, S.23).

In Deutschland werden Flüchtlinge durch die institutionell produzierte und politisch gewollte Chancen- und Ausweglosigkeit jeden Tag aufs Neue auf die Tatsache der Flucht, des Verlustes, des Nichtdazugehörens hingewiesen. Traumatisierende, prägende und schmerzliche Erfahrungen finden im Asylverfahren zu wenig Beachtung und können auch sonst im Alltag nicht genügend aufgearbeitet werden. Die Ablehnung der Behörden, der Politik und alltäglicher Rassismus treten als neue Negativerfahrungen hinzu und untergraben das Vertrauen in einen Neuanfang. Dadurch entstehen zahlreiche soziale, psychische und somatische Probleme, mit welchen die Betroffenen zumeist allein gelassen werden. Das ständige Gefühl von Abhängigkeit, die Unmöglichkeit das eigene Leben in die Hand nehmen zu können, das Gefühl unerwünscht zu sein, das Warten auf die Entscheidung im Asylverfahren, das Nichtstun aufgrund von Arbeitsverboten, die Enge in der Gemeinschaftsunterkunft, die Verständigungsprobleme, die Armut, die Perspektivlosigkeit – das alles hat bedeutende Auswirkungen auf die Persönlichkeitsentwicklung des Menschen, welcher als „Flüchtlinge" etikettiert wird (vgl. Stephens 2013, S. 69).

Anerkennung ihrer Person, Wertschätzung ihrer Fähigkeiten und ihrer Persönlichkeit wird ihnen von staatlicher Seite aus versagt und sie werden stattdessen auf die soziale Gruppe der „Flüchtlinge / AsylbewerberInnen" degradiert und reduziert (vgl. Stephens 2013, S. 69).

Aufgabe der Kirche und insbesondere der Gemeindepädagogik ist es, diese Wertschätzung und Anerkennung der
Person als solche zurückzubringen und den Flüchtlingen,
trotz der rechtlichen Barrieren, eine Zukunft zu vermitteln.
Hierzu ist es nötig, die Menschen zu begleiten und ihnen
zur Seite zu stehen (vgl. Stephens 2013, S. 69).

2. Flüchtlinge in der Bibel – Zum Umgang mit dem Fremden

"Denn mich hungerte, und ihr gabt mir zu essen; mich dürstete, und ihr gabt mir zu trinken; ich war Fremdling, und ihr nahmt mich auf... Und der König wird antworten und zu ihnen sagen: Wahrlich, ich sage euch, was ihr einem dieser meiner geringsten Brüder getan habt, habt ihr mir getan."
(Matthäus 25, 35&40 Elberfelder Bibel)

Jede Minute verlassen Menschen wieder ihre Heimat um Schutz vor Krieg, Gewalt, Verfolgung, Terror und Tod zu suchen. Weltweit sind es mehr als 70,8 Millionen Menschen. Der Großteil der Flüchtlinge[15] sucht Zuflucht in einem Entwicklungsland und muss dann dort zumeist in schwierigen und z.T. unmenschlichen Verhältnissen (über)leben. Die Industrieländer, insbesondere die europäischen Staaten, setzen hingegen alles daran, die Außengrenzen zu festigen und Flüchtlinge idealerweise schon im Mittelmeer abzufangen und ins Elend zurückzusenden. Jeden Tag sterben wieder aufs Neue Menschen im Mittel-

---

[15] Eine ausführliche Beschreibung der Situation von Flüchtlingen in Deutschland aus juristischer, sozialer, medizinischer, psychologischer und politischer Perspektive findet sich in meinem ersten Buch „Flucht ist kein Verbrechen" (Johannes Stephens 2013, Akademischer Verlag München).

meer, welches mittlerweile zu einem der größten Massengräber weltweit geworden ist.

Genauso kommen jeden Tag viele Menschen aus Ost-Europa nach Deutschland. Auch diese Menschen fliehen vor der Not und der Armut in ihren Heimatländern. Sie sehen bei sich zuhause keine Perspektive mehr auf ein Leben in Würde. Und wie reagiert Deutschland? Bei uns werden sie öffentlich als sog. „Wirtschaftsflüchtlinge" abgestempelt. Wir schaffen dieses Etikett, um diese Menschen zu diskriminieren und auszuschließen. Wo ist hier die Willkommenskultur? Warum wollen wir unseren Reichtum nicht teilen und haben Angst, dass uns etwas weggenommen wird? Warum gehen Anfang 2015 mehr als 25.000 Menschen mit PEGIDA[16] auf die Straße und demonstrieren gegen eine angebliche Überfremdung und Islamisierung von Deutschland?

Gerade wir als ChristInnen sollten jeden Tag aufs Neue begreifen, dass alles was wir haben von Gott geschenkt ist. Es ist pure Gnade, dass wir in Deutschland leben dürfen und es uns gut geht. Wenn wir es uns also nicht selbst verdient haben, wie können wir es dann nicht teilen wollen?

---

[16] Patriotische Europäer gegen die Islamisierung des Abendlandes

Exkurs: Etikettierugsperspektive

In der Benennung der Welt wird gesellschaftlich ein Vokabular zur Kategorisierung und Einteilung von Menschen produziert. Diese Begrifflichkeiten werden den Menschen als sogenannte Etikette zugeschrieben. Zugeschriebene und/oder existierende Merkmale von Menschen, werden mit Eigenschaften versehen und dieses entstandene künstliche Konstrukt wird wiederum bewertet. Der Mensch als Subjekt wird so durch die Etikettierung verdinglicht (durch eine möglichst starre Identitätskonstruktion zum Objekt degradiert). Das zugeschriebene „Etikett" wird anschließend zum „abweichenden Verhalten" erklärt. Durch Bezugnahme auf „abweichendes Verhalten" lassen sich dann bestimmte Normalitäts- und/oder Ordnungsverhältnisse begründen, welche angeblich mithilfe von Regeln durchgesetzt werden müssen. Menschen werden aufgrund ihrer zugeschriebenen Abweichungen abgewertet .Die Etikettierungs-Perspektive als eine Sichtweise der gesellschaftlichen Verhältnisse, dient gleichermaßen der Dekonstruktion solcher, durch Zuschreibungen entstandenen, sozialen Wirklichkeiten als auch der Kritik an bestehenden Macht- und Herrschaftsverhältnissen, welche Diskriminierung dulden. Durch die Frage „Wer sagt was über wen zu welchem Zweck? (und mit welchen Folgen?)" werden Scheinkausalitäten aufgedeckt und vorherrschende bio-psycho-sozio-kulturelle (Etikettierungs-)Konstruktionen sowie darauf begründete Ordnungsstrukturen können neu gedacht und entwickelt werden. Die Etikettierungs-Perspektive übernimmt somit eine Korrektiv-Funktion. Sie kann einer kritischen Sichtweise als Reflexion dienen, um Diskriminierung und Verdinglichung durch bio-psycho-sozio-kulturelle Deutungsmuster, sowie davon abgeleitete Herrschaftsausübung, zu hinterfragen und so die Fokussierung eines Diskurses von den „persönlichen Defiziten" auf die „strukturellen Verhältnisse" zu lenken. Die Etikettierungs-Perspektive führt zu einem Diskurs, in welchem angestrebt wird, Machtasymmetrien abzubauen und im Dialog soziale Wirklichkeit wieder gemeinsam benennen und gestalten zu können. Ein Beispiel hierfür ist das Etikett „Flüchtling". Alternativ kann man ja auch sagen, dass es Menschen sind, welche unfreiwillig ihren festen Wohnort und Lebensmittelpunkt wechseln müssen. Das wirft gleich ein anderes Licht auf diese Gruppe von Menschen, als wenn man von „Flüchtlingen", „Asylanten" oder „Asylbewerbern" spricht.

Dies trägt zum Machterhalt der bestehenden Strukturen bei. Dieser Logik der Abschreckung und der National-staatsideologie mit eigenen „Bürgern" ist es zu verdanken, dass Flüchtlingen in Deutschland die Integration weitest-gehend untersagt bleibt. Sie waren „Fremde" als sie kamen und bleiben es, damit man sie so schnell wie möglich wie-der zurückschieben kann.

In Deutschland werden Flüchtlinge und Asylsuchende als Menschen zweiter Klasse behandelt. Es werden ihnen negative Eigenschaften zugeschrieben, ohne dass dies der Wahrheit entspricht (Kriminalität, Sozialschmarotzer, religiöse Fanatiker etc.). Dabei ist eine klare Trennlinie zwischen Mehrheitsgesellschaft und dieser Minderheit zu erkennen. Selbst nach Jahren in Deutschland gelten sie noch als Fremde und werden dementsprechend so behandelt. Weiterhin müssen sie ein Leben lang Angst haben, dass sie wieder ihren sicheren Status in Deutschland jederzeit verlieren können (z.B. aufgrund von Kriminalität etc.).

Der Flüchtlingsstrom nach Deutschland reißt nicht ab, sondern nimmt eher zu. Auch wenn Deutschland im Vergleich zu Italien, Spanien und Griechenland relativ wenige Flüchtlinge aufnimmt, herrscht eine ablehnende und diskriminierende Stimmung und Sichtweise auf die Flüchtlinge[17]. In den anderen europäischen Staaten ist die Stimmung ähnlich negativ geprägt gegenüber Flüchtlingen und ZuwanderInnen.

Für die Flüchtlinge bedeutet dies nun ein Leben in ständiger Unsicherheit. Sie haben Angst davor, aufgrund gesetzlicher Bestimmungen, in ein anderes EU-Land abgeschoben zu werden (Dublin-III Verordnung). Ihr Leben ist weiterhin

---

[17] Für einen Überblick siehe https://www.mut-gegen-rechte-gewalt.de/news/meldung/rechte-hetze-gegen-fluechtlinge-eine-chronik-der-gewalt-2014-03

ständig in Gefahr – erst in ihrem Heimatland und nun auch noch dort, wo sie Asyl beantragt haben. Oftmals wird ihnen lange Zeit nicht zugesichert, nicht wieder abgeschoben zu werden. Stattdessen müssen sie zum Teil jede Woche erneut zur Ausländerbehörde und dort ihre Bescheinigung verlängern lassen – jedes Mal aufs Neue mit der Angst ob es wohl klappen wird. Ihre Zukunft ist vor dem Hintergrund dieses ungesicherten Aufenthaltes nicht planbar und die Ungewissheit macht oftmals krank und depressiv.

Einmal in einem EU-Land angekommen, stehen die Flüchtlinge vor weiteren Hürden. Sie leiden vor allem an den Folgen der Auseinandersetzung unter den Mitgliedsländern um die Zuständigkeit für ihre Asylverfahren. Durch das Dublin II-Abkommen bzw. Dublin-III-Abkommen[18] wird die Zuständigkeit für die Unterbringung und Durchführung der Asylverfahren[19] auf das Land der ersten Ankunft, also in aller Regel auf die südlichen Länder (Griechenland, Italien, Malta) abgewälzt. Diese sind jedoch nicht in der Lage, den Flüchtlingen menschenwürdige Lebensbedingungen und zügige Asylverfahren zu gewährleisten. Ihr Leben ist in ständiger Gefahr – erst in ihrem Herkunftsland, dann aber auch in den Ländern, wo sie Asyl[20] beantragen, denn niemand garantiert ihnen, dass

---

[18] Siehe Glossar
[19] Siehe Glossar
[20] Siehe Glossar

sie nicht wieder abgeschoben werden. Die Angst vor der möglichen Abschiebung[21] prägt ihren Alltag.

Auftrag für die Christen in Deutschland?

Kein Mensch hat seinen Geburtsort bewusst gewählt oder gar freiwillig ausgesucht. Dementsprechend hat auch niemand gewählt, dass er in einem reichen europäischen Land oder einem ausgebeuteten und vom Bürgerkrieg zerstörten Land der sogenannten „dritten Welt" geboren wurde.

Der Geburtsort ist Zufall, Schicksal oder Gottes Fügung – je nachdem wie man dies bezeichnen möchte.

Für uns ChristInnen in Deutschland ist klar, dass es ein großer Segen von Gott ist, dass wir hier geboren sind und hier in Frieden leben dürfen. Niemand verfolgt uns aufgrund unserer Religion oder aufgrund von bestimmten Merkmalen. Wir dürfen freimütig und öffentlich unseren Glauben bezeugen und uns auf den Schutz des Staates in jeder Situation des alltäglichen Lebens verlassen.

Die Menschen in Deutschland leben in einer Sicherheit und in einem Reichtum, welcher in scharfem Kontrast zu der Armut und Fragilität der Existenz in anderen Orten auf der Welt steht.

---

[21] Siehe Glossar

Gerade deshalb sollten uns die Flüchtlinge in unserem Land ein besonderes Anliegen sein. Die Bibel erzählt viele Geschichten von Flüchtlingen und ihren Schicksalen. Adam und Eva flüchteten aus dem Paradies, Kain flüchtete aus Angst vor Rache, Abraham und Sara flüchteten nach Ägypten und Hagar floh vor Diskriminierung in die Wüste und Gott versorgte sie dort. Jakob floh aus Angst vor seinem Bruder, Mose war ein politischer Flüchtling und verließ Ägypten, König David flüchtete vor Verfolgung durch Saul und der Prophet Elias floh vor religiöser Verfolgung. Auch Maria und Josef flohen mit dem Sohn Gottes, Jesus Christus, als kleines Kind und mussten die Erfahrung machen, was es heißt, den Schutz und die Sicherheit im Heimatland zu verlieren und in ein anderes Land fliehen zu müssen.

Schon am Anfang der Bibel sehen wir, dass Gott als Fremder zu Abram (später Abraham) kommt (1. Mose 12, 1) und es sind drei Gäste (Fremdlinge), die ihn besuchen, um die Verheißung der Geburt seines Kindes zu bringen (1. Mose 18). Abraham nimmt diese Gäste bei sich auf, bereitet ihnen ein Festmahl und wird reich beschenkt. Seine Frau wird daraufhin schwanger und gebärt einen Sohn, sodass die Verheißung sich erfüllt.

Auf Gottes Anweisung hin (1. Mose 12), verlassen Abraham und Sara die Heimat und „migrieren" in ein anderes Land – auf der Suche nach einem besseren Leben. Aufgrund einer Hungersnot fliehen sie später aus Kanaan und tun das, was Flüchtlinge heute auch oftmals aus Angst tun müssen: sie täuschen über ihre Identität und Abraham gibt Sara als seine Schwester aus, anstatt sie als Ehefrau zu benennen (1. Mose 12).

Josef wird von seinen Brüdern aus Neid und Habgier heraus versklavt und dann verkauft. Er überlebt und steigt im neuen Land beruflich auf. Später kommen seine Brüder als „Wirtschaftsflüchtlinge" zu ihm. Sie fliehen vor dem Hunger und der Armut im eigenen Land. Dies treibt sie in das fremde Land, um ihre Familien zu versorgen und diese vor dem Hungertod zu retten.

Gott begegnet Mose, der einen politischen Mord begangen und in ein fremdes Land fliehen musste (2. Mose 2, 11-22). In einem brennenden Dornbusch erscheint Gott als fremdes Wesen, welches sich zunächst ausführlich als Gott seiner Väter vorstellt (2. Mose 3, 6). Gott verheißt ihm und seinem ganzen Volk die Freiheit von der Sklaverei und zieht anschließend mit diesem Volk in die Freiheit. Gott wandert mit seinem Volk mit – eine 40 Jahre andauernde Migrationsgeschichte

Paulus war im Neuen Testament ein erster Weltbürger mit römischem Pass, jüdischer Bildung und Herkunft. Er suchte damals bewusst die Möglichkeiten, um die christliche Botschaft in das Zentrum der heidnischen Welt zu bringen. Seine gegründeten Gemeinden waren, von Paulus Anspruch her (Römer 11,18), interkulturell geöffnet und gesellschaftliche Schranken wurden überwunden. Hier kamen Sklaven, Freie, Griechen, Juden, Frauen und Männer zusammen, um gemeinsam Gottesdienst zu feiern und Gemeinschaft im Glauben zu haben.

Diese biblischen Charaktere ließen die Geborgenheit des eigenen Zuhauses, die Familie und die Freunde zurück, um in der Fremde Schutz zu suchen.

Das Wort „Fremder" ist in der Bibel gleichbedeutend mit „Gast". Es kann auch mit „AusländerInnen" oder „Fremdling" wiedergegeben werden. In der Bibel hat Gott einiges über den Umgang mit Fremden und Flüchtlingen deutlich gemacht:

„Die Fremdlinge sollt ihr nicht unterdrücken; denn ihr wisst um der Fremdlinge Herz, weil ihr auch Fremdlinge in Ägyptenland gewesen seid." 2. Mose 23, 9 (Luther 1984)

„Für die ganze Gemeinde gelte nur eine Satzung, für euch wie auch für die Fremdlinge. Eine ewige Satzung soll das sein für eure Nachkommen, dass vor dem HERRN der Fremdling sei wie ihr. Einerlei Gesetz, einerlei Recht soll gelten für euch und für den Fremdling, der bei euch wohnt." 4. Mose 15, 15-16 (Luther 1984)

„Dann sollst du anheben und sagen vor dem HERRN, deinem Gott: Mein Vater war ein Aramäer, dem Umkommen nahe, und zog hinab nach Ägypten und war dort ein Fremdling mit wenig Leuten und wurde dort ein großes, starkes und zahlreiches Volk. Aber die Ägypter behandelten uns schlecht und bedrückten uns und legten uns einen harten Dienst auf. Da schrien wir zu dem HERRN, dem Gott unserer Väter. Und der HERR erhörte unser Schreien und sah unser Elend, unsere Angst und Not und führte uns aus Ägypten mit mächtiger Hand und ausgerecktem Arm und mit großem Schrecken, durch Zeichen und Wunder, und brachte uns an diese Stätte und gab uns dies Land, darin Milch und Honig fließt. Nun bringe ich die Erstlinge der Früchte des Landes, das du, HERR, mir gegeben hast. - Und du sollst sie niederlegen vor dem HERRN, deinem Gott, und anbeten vor dem HERRN, deinem Gott, und sollst fröhlich sein über alles Gut, das der HERR, dein Gott, dir und deinem Hause gegeben hat, du und der Levit und der Fremdling, der bei dir lebt. Wenn du den Zehnten deines ganzen Ertrages zusammengebracht hast im dritten Jahr, das ist das Zehnten-Jahr, so sollst du ihn dem Leviten, dem Fremdling, der Waise und der Witwe geben, dass sie in deiner Stadt essen und satt werden. Und du sollst sprechen vor dem HERRN, deinem Gott: Ich habe aus meinem Hause gebracht, was geheiligt ist, und hab's gegeben den Leviten, den Fremdlingen, den Waisen und den Witwen ganz nach deinem Gebot, das du mir geboten hast. Ich habe deine Gebote nicht übertreten noch vergessen." 5. Mose 26, 5-13 (Luther 1984)

„Rufe getrost, halte nicht an dich! Erhebe deine Stimme wie eine Posaune und verkündige meinem Volk seine Abtrünnigkeit und dem Hause Jakob seine Sünden! Sie suchen mich täglich und begehren meine Wege zu wissen, als wären sie ein Volk, das die Gerechtigkeit schon getan und das Recht seines Gottes nicht verlassen hätte. Sie fordern von mir Recht, sie begehren, dass Gott sich nahe. »Warum fasten wir und du siehst es nicht an? Warum kasteien wir unseren Leib und du willst's nicht wissen?« Siehe, an dem Tag, da ihr fastet, geht ihr doch euren Geschäften nach und bedrückt alle eure Arbeiter. Siehe, wenn ihr fastet, hadert und zankt ihr und schlagt mit gottloser Faust drein. Ihr sollt nicht so fasten, wie ihr jetzt tut, wenn eure Stimme in der Höhe gehört werden soll. Soll das ein Fasten sein, an dem ich Gefallen habe, ein Tag, an dem man sich kasteit, wenn ein Mensch seinen Kopf hängen lässt wie Schilf und in Sack und Asche sich bettet? Wollt ihr das ein Fasten nennen und einen Tag, an dem der HERR Wohlgefallen hat? Das aber ist ein Fasten, an dem ich Gefallen habe: Lass los, die du mit Unrecht gebunden hast, lass ledig, auf die du das Joch gelegt hast! Gib frei, die du bedrückst, reiß jedes Joch weg! Brich dem Hungrigen dein Brot, und die im Elend ohne Obdach sind, führe ins Haus! Wenn du einen nackt siehst, so kleide ihn, und entzieh dich nicht deinem Fleisch und Blut! Dann wird dein Licht hervorbrechen wie die Morgenröte, und deine Heilung wird schnell voranschreiten, und deine Gerechtigkeit wird vor dir hergehen, und die Herrlichkeit des HERRN wird deinen Zug beschließen. Dann wirst du rufen und der HERR wird dir antworten. Wenn du schreist, wird er sagen: Siehe, hier bin ich. Wenn du in deiner Mitte nie-

mand unterjochst und nicht mit Fingern zeigst und nicht übel redest, sondern den Hungrigen dein Herz finden lässt und den Elenden sättigst, dann wird dein Licht in der Finsternis aufgehen, und dein Dunkel wird sein wie der Mittag. Und der HERR wird dich immerdar führen und dich sättigen in der Dürre und dein Gebein stärken. Und du wirst sein wie ein bewässerter Garten und wie eine Wasserquelle, der es nie an Wasser fehlt. Und es soll durch dich wiederaufgebaut werden, was lange wüst gelegen hat, und du wirst wieder aufrichten, was vorzeiten gegründet ward; und du sollst heißen: »Der die Lücken zumauert und die Wege ausbessert, dass man da wohnen könne." Jesaja 58,1-12 (Luther 1984)

„Und es geschah im vierten Jahr des Königs Darius, am vierten Tag des neunten Monats, der Kislew heißt, dass des HERRN Wort zu Sacharja geschah. Damals sandte Bethel den Sarezer und den Regem-Melech mit seinen Leuten, um den HERRN anzuflehen, und ließ die Priester, die zum Hause des HERRN Zebaoth gehörten, und die Propheten fragen: Muss ich immer noch im fünften Monat weinen und Fasten halten, wie ich es nun so viele Jahre getan habe? Und des HERRN Zebaoth Wort geschah zu mir: Sage allem Volk im Lande und den Priestern und sprich: Als ihr fastetet und Leid trugt im fünften und siebenten Monat diese siebzig Jahre lang, habt ihr da für mich gefastet? Und wenn ihr esst und trinkt, esst und trinkt ihr da nicht für euch selbst? Ist's nicht das, was der HERR durch die früheren Propheten predigen ließ, als Jerusalem bewohnt war und Frieden hatte samt seinen Städten ringsum und Leute im Südland und

im Hügelland wohnten - und des HERRN Wort geschah zu Sacharja -, dass der HERR Zebaoth sprach: Richtet recht, und ein jeder erweise seinem Bruder Güte und Barmherzigkeit, und tut nicht Unrecht den Witwen, Waisen, Fremdlingen und Armen, und denke keiner gegen seinen Bruder etwas Arges in seinem Herzen! Aber sie wollten nicht aufmerken und kehrten mir den Rücken zu und verstockten ihre Ohren, um nicht zu hören, und machten ihre Herzen hart wie Diamant, damit sie nicht hörten das Gesetz und die Worte, die der HERR Zebaoth durch seinen Geist sandte durch die früheren Propheten. Daher ist so großer Zorn vom HERRN Zebaoth gekommen. Und es ist so ergangen: Gleichwie gepredigt wurde und sie nicht hörten, so wollte ich auch nicht hören, als sie riefen, spricht der HERR Zebaoth. Darum habe ich sie zerstreut unter alle Heiden, die sie nicht kannten, und das Land blieb verwüstet hinter ihnen liegen, sodass niemand mehr darin hin und her zog; so haben sie das liebliche Land zur Wüste gemacht." Sacharja 7,1-14 (Luther 1984)

„Siehe, ich will meinen Boten senden, der vor mir her den Weg bereiten soll. Und bald wird kommen zu seinem Tempel der Herr, den ihr sucht; und der Engel des Bundes, den ihr begehrt, siehe, er kommt! spricht der HERR Zebaoth. Wer wird aber den Tag seines Kommens ertragen können und wer wird bestehen, wenn er erscheint? Denn er ist wie das Feuer eines Schmelzers und wie die Lauge der Wäscher. Er wird sitzen und schmelzen und das Silber reinigen, er wird die Söhne Levi reinigen und läutern wie Gold und Silber. Dann werden sie dem HERRN Opfer bringen in Gerechtigkeit, und es wird dem HERRN wohlgefallen das

Opfer Judas und Jerusalems wie vormals und vor langen Jahren. Und ich will zu euch kommen zum Gericht und will ein schneller Zeuge sein gegen die Zauberer, Ehebrecher, Meineidigen und gegen die, die Gewalt und Unrecht tun den Tagelöhnern, Witwen und Waisen und die den Fremdling drücken und mich nicht fürchten, spricht der HERR Zebaoth." Maleachi 3,1-5 (Luther 1984)

Es wird deutlich, dass die Flüchtlinge unter dem besonderen Schutz Gottes stehen. Doch für uns sind es meistens zunächst Fremde, weil diese Menschen aus einem anderen Kulturkreis kommen. Wenn wir sie jedoch aufnehmen, dann zeigen wir gelebte Gastfreundschaft. Damit wird deutlich, dass die Bibel eine „Willkommenskultur" postuliert und für uns als Maßstab setzt.

Die Fluchterfahrung ist im religiösen und kulturellen Gedächtnis von Gottes Volk fest verankert. Dies ist eng verbunden mit der Erinnerung an Rettung aus der Not heraus und hin zu einer Hoffnung auf Hilfe in den immer wiederkehrenden Fluchtbewegungen. So wird in den jüdischen Religionspraxis immer wieder an den Auszug aus Ägypten erinnert.

Sprüche 31,8-9 fordert uns heraus:

„Du aber tritt für die Leute ein, die sich selbst nicht verteidigen können! Schütze das Recht der Hilflosen. Sprich für sie und

regiere gerecht! Hilf den Armen und Unterdrückten!" (Hoffnung für alle)

Schon beim Volk Israel im Alten Testament genossen die Fremden und Entrechteten einen besonderen Schutz. Dies zeigt sich in 5. Mose 24,17:

„Du sollst das Recht des Fremdlings und der Waise nicht beugen und sollst der Witwe nicht das Kleid zum Pfand nehmen." (Luther 1984)

Das Liebesgebot umfasst alle Menschen und somit sollen die Fremden (AusländerInnen, Flüchtlinge) die gleichen Rechte genießen wie die Einheimischen.

„Er soll bei euch wohnen wie ein Einheimischer unter euch, und du sollst ihn lieben wie dich selbst; denn ihr seid auch Fremdlinge gewesen in Ägyptenland. Ich bin der HERR, euer Gott." 3. Mose 19,34 (Luther 1984)

Für Gottes Sohn, Jesus Christus ist die Hilfe für die Personen, welche Hilfe benötigen (Fremde, Obdachlose, Hungernde, Kranke, Gefangene) das wichtigste Kriterium für ein gutes und rechtes Leben vor Gott.

„Wenn aber der Menschensohn kommen wird in seiner Herrlichkeit und alle Engel mit ihm, dann wird er sitzen auf dem Thron seiner Herrlichkeit, und alle Völker werden vor ihm versammelt

werden. Und er wird sie voneinander scheiden, wie ein Hirte die Schafe von den Böcken scheidet, und wird die Schafe zu seiner Rechten stellen und die Böcke zur Linken. Da wird dann der König sagen zu denen zu seiner Rechten: Kommt her, ihr Gesegneten meines Vaters, ererbt das Reich, das euch bereitet ist von Anbeginn der Welt! Denn ich bin hungrig gewesen und ihr habt mir zu essen gegeben. Ich bin durstig gewesen und ihr habt mir zu trinken gegeben. Ich bin ein Fremder gewesen und ihr habt mich aufgenommen. Ich bin nackt gewesen und ihr habt mich gekleidet. Ich bin krank gewesen und ihr habt mich besucht. Ich bin im Gefängnis gewesen und ihr seid zu mir gekommen. Dann werden ihm die Gerechten antworten und sagen: Herr, wann haben wir dich hungrig gesehen und haben dir zu essen gegeben, oder durstig und haben dir zu trinken gegeben? Wann haben wir dich als Fremden gesehen und haben dich aufgenommen, oder nackt und haben dich gekleidet? Wann haben wir dich krank oder im Gefängnis gesehen und sind zu dir gekommen? Und der König wird antworten und zu ihnen sagen: Wahrlich, ich sage euch: Was ihr getan habt einem von diesen meinen geringsten Brüdern, das habt ihr mir getan." Matthäus 25,31-40 (Luther 1984)

Jesus sagt weiter:

„Der Geist des Herrn ist auf mir, weil er mich gesalbt hat, zu verkündigen das Evangelium den Armen; er hat mich gesandt, zu predigen den Gefangenen, dass sie frei sein sollen, und den Blinden, dass sie sehen sollen, und den Zerschlagenen, dass sie

frei und ledig sein sollen, zu verkündigen das Gnadenjahr des Herrn." Lukas 4,18 (Luther 1984)

In Epheser 2,19 wird deutlich, dass die Gemeinde Christi in ihrem Leitbild darum weiß, dass sie selbst einmal Fremde und Gäste waren:

„So seid ihr nun nicht mehr Gäste und Fremdlinge, sondern Mitbürger der Heiligen und Gottes Hausgenossen." Epheser 2,19 (Luther 1984)

Damit wird deutlich, dass Äußerungen und Positionen, welche Flüchtlinge primär als Gefahr und Bedrohung sehen, sowie Ängste schüren, für uns als ChristInnen mit dem Evangelium und der Bibel nicht vereinbar sind. Diese Personen, welche solche Einstellungen vertreten, können sich nicht auf die biblischen Äußerungen zu dieser Thematik berufen. Die Liebe von Gott und die Liebe zu Gott drängt uns dazu Verantwortung für Menschen in Not zu übernehmen und für sie Partei zu ergreifen. Die Bibel fordert uns auf hier, aktiv handelnd für Flüchtlinge zu werden und nicht nur passiv zuzuschauen.

Wie kann diese konkrete Hilfe aussehen? Zunächst einmal geht es darum, zu begreifen, dass jeder Mensch, egal wo er herkommt oder wie er sich verhält, ein von Gott geschaffenes und geliebtes Wesen ist. Kein Mensch ist besser oder schlechter als ich in Gottes Augen. Wir sind alle geliebte Geschöpfe, mit denen Gott Gemeinschaft haben will.

Warum halten wir uns dann für besser und erheben uns über die Flüchtlinge? Dazu gibt es keinen Grund. Es ist reine Gnade von Gott, dass wir hier leben und dass wir gerettet sind. Diese Dankbarkeit sollte uns näher zu unserem Schöpfer bringen und uns die Herzen für die Fremden öffnen.

In der praktischen Arbeit mit Flüchtlingen kann es schon hilfreich sein, wenn wir einfach nur zuhören, Verständnis zeigen und Nächstenliebe praktisch werden lassen. Die Hoffnung und die Zuversicht, welche unser Leben geprägt und nachhaltig verändert haben, kann auch diesen Menschen Halt, Sinn und Hoffnung geben.

Wir können dabei helfen, Ängste und Vorurteile abzubauen und Respekt sowie Interesse für Flüchtlinge zu schaffen. Dabei ist es das Ziel, dass Flüchtlinge als Menschen und somit als geliebte Geschöpfe von Gott begriffen werden und nicht als Bedrohung.

Weiterhin können wir als Gemeinde und somit als Leib Christi, Flüchtlinge und Asylsuchende bei uns in der Gesellschaft willkommen heißen. Dies kann zum Beispiel geschehen, indem wir die BewohnerInnen eines Flüchtlingsheims besuchen, mit ihnen ein Fest feiern oder mit ihnen gemeinsam kochen, reden, spielen, tanzen …

In unseren Räumen können wir Gesprächs- und Begegnungsstätten schaffen und unsere Gottesdienste für die Flüchtlinge öffnen.

Abschließend ist es wichtig, dass wir uns immer wieder vor Augen führen, dass es Gottes Gnade und Liebe war, dass er seinen Sohn Jesus Christus auf die Erde geschickt hat, damit wir errettet werden.

„Denn also hat Gott die Welt geliebt, dass er seinen eingeborenen Sohn gab, damit alle, die an ihn glauben, nicht verloren werden, sondern das ewige Leben haben." Joh. 3,16 (Luther 1984)

Genauso ist es Gottes Gnade und ein Segen, dass wir in einem reichen Land leben dürfen und es uns gut geht. Dafür haben wir nichts, aber auch gar nichts getan. Es ist auch Gottes Segen und seine Gnade, dass wir versorgt sind und uns Sachen kaufen können. Dies haben wir uns nicht selbst verdient, sondern der Schöpfer des Universums hat uns dies geschenkt.

Wenn wir uns dies bewusst machen, dann führt es uns in eine tiefe und ehrliche Dankbarkeit. Gleichzeitig öffnet es unser verschlossenes und hartes Herz, sodass wir unseren

Nächsten sehen und als geliebtes Geschöpf Gottes wahrnehmen können.

Dann sind wir in der Lage den Menschen, welche zu uns nach Deutschland fliehen, in einer neuen und wertschätzenden Art und Weise zu begegnen. Dabei ist es unwichtig aus welchen Gründen diese Menschen ihre Heimat verlassen – sei es aufgrund von Krieg und Verfolgung oder aufgrund von Armut und menschenunwürdigen Lebensbedingungen.

Deutschland ist ein reiches Land und wir haben mehr als genug zu teilen. Es liegt an uns hier anzufangen und die Gesellschaft zu verändern[22].

Und was würde es für uns bedeuten, wenn wir „Flüchtlinge", auch die sog. „Wirtschaftsflüchtlinge", als Menschen begreifen, die aus verschiedensten Gründen ihren Wohnort wechseln müssen. Wenn wir das Sterben im Mittelmeer und sonst wo auf der Flucht wirklich verhindern wollen, müssen wir uns Gedanken um die Utopie einer grenzenlosen Welt machen. Wie würde eine Welt ohne die künstlichen Konstrukte von Nationalität und Staatsbürgerschaft wohl aussehen? Wie können wir dann den weltweiten

---

[22] Siehe hierzu auch mein Buch:
Johannes Stephens (2013): „Armut und Soziale Gerechtigkeit – Armes Deutschland? – Theorie und Praxis" (Akademische Verlagsgemeinschaft)

Reichtum gerecht verteilen, sodass nicht mehr wenige viel und viele zu wenig haben?

Ein Ansatz in dieser Utopie wäre, dass wir einen Shuttle-Service zwischen Nordafrika und Europa einrichten und dann alle Menschen nach einem gerechten und transparenten Schlüssel auf die europäischen Länder aufteilen. Dann hätten wir eine gerechtere und bessere Welt – ohne, dass Menschen auf der Flucht sterben müssen und wir uns als Europa abschotten.

Meiner Meinung nach lohnt es sich diese Utopie zu denken und zu reflektieren.

An dem Tag, als wir uns bewusst dazu entschieden haben unser Leben mit Gott und seinem Sohn Jesus Christus nach den Maßstäben der Bibel zu leben, hat sich unser komplettes Denken und unser Handeln verändert. Diese Wandlung und Transformation des Denkens können wieder geschehen.

Und was denkt wohl Gott über unseren Umgang mit den Fremden und unsere Abschottung? Die Situation von Flüchtlingen zerreißt ihm sein Herz als Schöpfer aller Menschen, der sich nach Gemeinschaft mit seinen Geschöpfen sehnt und zusehen muss, wie sie sich gegenseitig bekämpfen und schlecht behandeln.

Und unser Staat? Das deutsche Asylsystem und die deutschen Gesetze sind nicht in der Lage, die Probleme in den Heimatländern der Menschen hier in Europa zu lösen und aufzufangen. Anstatt, dass immer mehr Gesetze zur Abschottung und zum Ausbau der europäischen Festung beschlossen werden, sollten sich auch der deutsche Staat und die europäische Wertegemeinschaft fragen, wie ein sinnvollerer und besserer Umgang mit der Situation von Flüchtlingen möglich ist.

„Gastfrei zu sein vergesst nicht; denn dadurch haben einige ohne ihr Wissen Engel beherberg.t" (Hebräer 13,2 Luther 1984)
Dies können wir auch übersetzen mit: *fremdenfreundlich zu sein vergesst nicht...*

In einer Zukunftsvision zeigt Gott im Alten Testament dem Propheten Hesekiel, wie er selbst sich das zukünftige Verhältnis von Fremdlingen, also Flüchtlingen oder AusländerInnen, und den Einheimischen vorstellt:

„Also sollt ihr das Land austeilen unter die Stämme Israels. Und wenn ihr das Los werft, das Land unter euch zu teilen, so sollt ihr die Fremdlinge, die bei euch wohnen und Kinder unter euch zeugen, halten gleich wie die Einheimischen unter den Kindern Israel und sie sollen auch ihr Teil im Lande haben, ein jeglicher unter seinem Stamm, dabei er wohnt, spricht der Herr, HERR."
Hesekiel 47, 21-23 (Luther 1912)

3. Grundzüge des christlichen Menschenbildes

Jeder Mensch entwickelt, ohne darüber nachzudenken, ein Bild davon, was der Mensch ist. Das individuelle Menschenbild ist von Mensch zu Mensch verschieden, weil jeder durch seine persönliche Entwicklung, durch Werte und Normen sowie vielfältige Einflüsse unterschiedlich geprägt ist. Nicht der Mensch im Allgemeinen, sondern der konkrete Mensch oder eine bestimmte Personengruppe wird aufgrund eigener Erfahrungen, Wertmaßstäbe und Beobachtungen eingeschätzt und bewertet. Hierzu greift der Einzelne ggf. auf mehrere unterschiedliche Menschenbilder zurück. In der Regel hat niemand ein einzelnes und abgeschottetes Menschenbild vor Augen, wenn er auf andere Individuen trifft.

Der Mensch als Geschöpf Gottes

Nach christlichem Verständnis ist der Mensch kein Produkt des Zufalls bzw. der Evolution. Stattdessen ist er durch einen bewussten und gewollten Schöpfungsakt Gottes entstanden.[23] Anders als die Pflanzen und die Tiere wurde der Mensch, gemäß biblischer Überlieferung, nicht in einer Vielzahl von Einzelwesen, sondern als singuläres Einzel-

---

[23] Genesis 1,26: *„Und Gott sprach: Lasst uns Menschen machen in unserm Bild, uns ähnlich."* (*Elberfelder Übersetzung*)

wesen geschaffen. Der Mensch wurde also unmittelbar erschaffen. Ebenfalls geht hieraus hervor, dass der Mensch nach biblischem Verständnis weder eine abstrakte Sache ist noch eine Spezies, sondern eine Idee (vgl. Zimmermanns[24] 1993, S. 4).

Die Gottesebenbildlichkeit des Menschen

Im biblischen Schöpfungsbericht heißt es in Genesis 1,27: *„Und Gott schuf den Menschen nach seinem Bild, nach dem Bild Gottes schuf er ihn; als Mann und Frau schuf er sie."* (Elberfelder Übersetzung)

Hieraus lässt sich schlussfolgern, dass der Mensch ein wesensgleiches Portrait zu Gott ist und, dass er kein nach dem Bilde eines Tieres geschaffenes Modell ist.

Die Abhängigkeit des Menschen von Gott

In erster Linie hat Gott den Menschen erschaffen, um in ihm ein Gegenüber zu haben. Mit diesem möchte Gott Gemeinschaft haben, auch wenn er keineswegs auf diese Gemeinschaft angewiesen ist. Auf der anderen Seite steht der Mensch während seines gesamten Lebens in Abhängigkeit von Gott. Folglich kann der Mensch seiner Abhängigkeit von Gott und der Allgegenwart Gottes nicht entkommen.

Hierzu steht in Psalm 139, 7-8: *„Wohin sollte ich gehen vor deinem Geist, wohin fliehen vor deinem Angesicht? Stiege ich*

---

[24] Thomas Zimmermanns ist Christ, Autor und Jurist

zum Himmel hinauf, so bist du da. Bette ich mich in dem Sche-
ol, siehe, du bist da." (Elberfelder Übersetzung)

Der Mensch ist also zu jeder Zeit in Gottes Hand. Diese
Abhängigkeit betrifft nicht nur schwierige Lebensereignis-
se, z.B. Gefahrensituationen, Krankheit oder Tod, sondern
im Grunde jedes Planen und Handeln. In Jakobus 4, 13-15
steht Folgendes:

„Nun also, die ihr sagt: Heute oder morgen wollen wir in die und
die Stadt gehen und dort ein Jahr zubringen und Handel treiben
und Gewinn machen - die ihr nicht wisst, wie es morgen um euer
Leben stehen wird; denn ihr seid ein Dampf, der eine kleine Zeit
sichtbar ist und dann verschwindet - statt dass ihr sagt: Wenn
der Herr will, werden wir sowohl leben als auch dieses oder jenes
tun." (Elberfelder Übersetzung)

Die biblische Begründung der Menschenwürde

Aus der Gottesebenbildlichkeit ergibt sich ein Eigenwert
für den Menschen, welcher ihm um seiner selbst willen
und nicht aufgrund anderer Güter und Zwecke zukommt:

„Dieser Eigenwert, eben die Würde des Menschen, ist somit
unabhängig von Rasse, Religion, Geschlecht, Alter, Gesundheit,
sozialer Stellung oder der Erfüllung sozialer Funktionen. Auch
wird die Menschenwürde nicht erst im Laufe des Lebens erwor-
ben, sondern kommt jedem Menschen für die gesamte Dauer
seines Lebens zu. Auch Alte, Kranke, Behinderte und Ungebore-
ne sind folglich Träger der Menschenwürde. Dieser Eigenwert ist
unverzichtbar und unverlierbar und auch gegenüber jedem An-
spruch Dritter, insbesondere allen rechtlichen, politischen oder

faktischen Zugriffen des Staates oder der Gesellschaft eigenstän-
dig und unantastbar." (Zimmermanns 1993, S. 5)

Freiheit und Verantwortlichkeit des Menschen

Der Mensch hat von Anfang an mit seiner Schöpfung einen
freien Willen und somit auch Verantwortung erhalten.

Mit der Schöpfung wollte Gott Gemeinschaft mit freien
Wesen auf der Grundlage der freien Zustimmung zu seinem Gemeinschaftsangebot haben und keine erzwungene
einseitige Gemeinschaft mit unfreien Geschöpfen. Deshalb
hat Gott den Menschen so erschaffen und ausgestattet, dass
dieser die Freiheit besitzt, mit ihm in Gemeinschaft zu
treten und zu bleiben. Ebenso hat der Mensch die Möglichkeit sich der Gemeinschaft mit Gott zu entziehen und in
Trennung von ihm zu leben.

Weiterhin besitzt der Mensch die Freiheit an seinen Mitmenschen Liebe, Wahrheit und Gerechtigkeit zu üben.
Ebenso hat er aber auch die Möglichkeit rücksichtslos seinen eigenen Willen und Interessen durchzusetzen (vgl.
Zimmermanns 1993, S. 6).

Hieraus lässt sich schließen, dass Freiheit und Verantwortung zwei wesentliche Merkmale sind, durch welche sich
der Mensch von der übrigen Schöpfung (Tiere, Pflanzen
etc.) heraushebt und unterscheidet.

Der Mensch als Einheit von Leib, Seele und Geist

Der Mensch ist von Gott als ein Geschöpf mit einer Einheit
aus Geist, Seele und Leib erschaffen worden. Der „Geist"

unterscheidet ihn von den Tieren und von den übrigen Geschöpfen. Er befähigt ihn zum Denken, zum Bewusstsein der Welt und der Gemeinschaft mit Gott. Weiterhin ist es dem Menschen durch den Geist möglich zu sprechen und der Mensch weiß durch den Geist um seine Verantwortung gegenüber Gott. Durch die Seele ist es dem Menschen möglich ein bewusstes Ich-Denken, Ich-Fühlen und Ich-Wollen zu entwickeln und umzusetzen. Der Leib ist dementsprechend die Basis für Seele und Geist. Über die Sinne kann der Mensch seine Umwelt wahrnehmen und kommunizieren (vgl. Zimmermanns 1993, S. 7f.).

Die Situation nach dem Sündenfall

Der Zustand der ersten Menschen war gekennzeichnet durch Harmonie und Gemeinschaft mit ihrem Schöpfer. Doch es kam zum Bruch durch den „Sündenfall" (vgl. Genesis 3, 1-24). Die Freiheit zur Selbstbestimmung missbrauchte das Geschöpf und schuf dadurch wiederum eine tiefe auf Ewigkeit hin angelegte Trennung von Gott.

Durch den Sündenfall ging die Schuld auf alle Menschen über und die Trennung von Gott bleibt ewig bestehen. Weiterhin setzte der Mensch von da an seine eigenen Interessen und Wünsche als Priorität seines Handelns. Ebenso ist der leibliche Tod eine Folge des Sündenfalls der ersten Menschen. Diese Trennung entsprach niemals Gottes ursprünglichem Plan und er wollte dies auch nicht so stehen lassen. Daher sandte er seinen Sohn Jesus Christus auf die Welt, damit dieser stellvertretend für die Schuld aller

Mensch sühnt und jedem, der diesen Versöhnungsakt für sich persönlich annimmt, Sündenvergebung und Versöhnung mit Gott schenkt (Zimmermanns 1993, S. 10).

Hierzu steht in Johannes 3, 16[25]:

„Denn so sehr hat Gott die Welt geliebt, dass er seinen eingeborenen Sohn gab, damit jeder, der an ihn glaubt, nicht verloren geht, sondern ewiges Leben hat." (Elberfelder Übersetzung)

Gottes Wille ist es, dass alle Menschen dieses Geschenk annehmen und errettet werden. Hierzu sagt die Bibel in 1. Timotheus 2, 3-4:

„Dies ist gut und angenehm vor unserem Retter-Gott, welcher will, dass alle Menschen gerettet werden und zur Erkenntnis der Wahrheit kommen" (Elberfelder Übersetzung)

Aus eigener Kraft konnte der Mensch diese Trennung nicht überwinden. Hierzu sagt Zimmermanns:

„Aus eigener Kraft hätte der Mensch seine Trennung von Gott hingegen nicht überwinden können, da er möglicherweise zwar in der Lage ist, in einzelnen Situationen das Böse zu meiden und das Gute zu tun, jedoch nicht imstande ist, ohne eine von Gott bewirkte innere Umgestaltung seine selbstbezogene Grundhaltung und das daraus resultierende Verhalten zu überwinden." (Zimmermanns 1993, S. 11)

Dabei betont der christliche Glaube auch seine Exklusivität in Bezug auf den Weg zu Gott. Jesus Christus, Gottes Sohn,

---

[25] Vgl. auch Markus 1,15 & Johannes 11,25f. & 1. Johannes 2,2

sagt von sich selber (nach biblischer Überlieferung) im Johannesevangelium 14,6:

„[...Ich bin der Weg und die Wahrheit und das Leben. Niemand kommt zum Vater als nur durch mich." (Elberfelder Übersetzung)

Die Menschen, welche das Erlösungsangebot Gottes annehmen und sich zu Jesus Christus bekehren, werden nicht nur vor Gott gerecht gesprochen sondern auch innerlich erneuert. Damit haben sie nun die Möglichkeit Gutes zu tun und ihr Leben von Jesus Christus bestimmen zu lassen (vgl. Zimmermanns 1993, S. 12).

Die Bibel sagt hierzu im 2. Korintherbrief 5,17:

„Daher, wenn jemand in Christus ist, so ist er eine neue Schöpfung; das Alte ist vergangen, siehe, Neues ist geworden." (Elberfelder Übersetzung)

Die Menschen, welche Gottes Willen tun und sich gebrauchen lassen, lässt er in Matthäus 25, 35-36 & Matthäus 25,40 wissen:

„Denn mich hungerte, und ihr gabt mir zu essen; mich dürstete, und ihr gabt mir zu trinken; ich war Fremdling, und ihr nahmt mich auf; nackt, und ihr bekleidet mich; ich war krank, und ihr besuchtet mich; ich war im Gefängnis, und ihr kamt zu mir. Und der König wird antworten und zu ihnen sagen: Wahrlich, ich sage euch, was ihr einem dieser meiner geringsten Brüder getan habt, habt ihr mir getan." (Elberfelder Übersetzung)

Die Bibel sagt jedoch auch, dass nur ein kleiner Teil der Menschheit Gottes Erlösungsangebot annehmen wird[26].

Das christliche Menschenbild

Vom christlichen Menschenbild ausgehend, kommen jeder Person Wert und Würde, unabhängig von Status, Alter oder Leistungsfähigkeit, unwiderruflich deshalb zu, weil sie göttlichen, heiligen Ursprungs ist und damit unantastbar und unverfügbar.

„Über jedem Menschenleben steht damit die Losung: Mensch, du bist gewollt! Mensch, du bist geliebt! Jede Taufe bringt zum Ausdruck: Du bist geliebte Tochter, geliebter Sohn! Jede gelungene Begegnung lässt dies spüren." (Baumgartner[27] 2005, S. 6)

Aus dem Wissen selber von Gott her bedingungslos geliebt zu sein, ist es dem Christen möglich andere Menschen bedingungslos zu lieben und trotz ihrer Fehlerhaftigkeit anzunehmen und wertzuschätzen.

Im Rahmen des christlichen Menschenbildes respektiert der Mensch die unaufhebbaren menschlichen Grenzen, die nicht rückgängig zu machenden Weichenstellungen, die misslungenen Pläne, die zerbrochenen Hoffnungen, die biografischen Bruchlinien. Hierbei wird Scheitern als Teil des Lebens begriffen und plädiert somit für Fehlerfreundlichkeit und Barmherzigkeit. Dies begründet sich im Wissen, dass es ein Fenster der Hoffnung auf Vollendung über

---

[26] Vgl. auch Matthäus 7,14 / Lukas 13,24

[27] Isidor Baumgartner (geb. 1946) ist ein deutscher römisch-katholischer Theologe und Pastoralpsychologe

dieses Leben hinaus offen gibt (vgl. Baumgartner 2006, S. 7ff.).

Christliches Handeln enthält immer den Grundton, dass das Leben in Partnerschaft zu Gott angelegt ist. Daher gibt es keinen Grund für totale Verzweiflung, unlösbare Schuld oder existentielle Verlorenheit. Dies schließt ein, dass es keinen hoffnungslosen Fall oder hoffnungslose Situation gibt. Stattdessen existiert Rettung der Opfer und letztlich auch Rettung der TäterInnen. Dieses Wissen bestimmt das Handeln in der Gegenwart. Christen vertrauen darauf, dass mit den Grenzen der eigenen Möglichkeiten zu helfen, Gottes Möglichkeiten noch lange nicht ausgeschöpft sind (vgl. Baumgartner 2006, S. 8).

Zusammenfassung:

- Der Mensch wird als geliebtes Wesen in der Ebenbildlichkeit Gottes geschaffen
- Der Mensch kommt bereits mit der Erbsünde belastet auf die Welt. Diese Trennung von Gott, kann er nicht aus eigener Kraft aufheben
- Es existiert ein Gott, welcher sich liebevoll und fürsorglich seiner Schöpfung zuwendet und dennoch als Richter auftritt. Hier findet sich das Spannungsfeld aus Barmherzigkeit und Gerechtigkeit Gottes
- Gott sendet seinen einzigen Sohn auf die Erde, um die Menschen, welche an ihn glauben und sich zu

ihm bekehren zu erlösen. Der Gottessohn stirbt stellvertretend für alle Menschen am Kreuz und hebt somit die Trennung der Erbsünde auf. Am Tag des Jüngsten Gericht tritt Jesus Christus als Fürsprecher für die Christen auf und ebnet den Weg ins Paradies

- Mann und Frau sind als ebenwürdiges Wesen geschaffen und sind deshalb auch in einer Beziehung oder Ehe gleichberechtigt.

Es soll in der Sozialen Arbeit der Kirchen und ihren Einrichtungen bzw. in der gemeinpädagogischen Arbeit spürbar werden, dieses Leben reicht in eine andere Wirklichkeit hinein, die schützt, heilt und hoffen lässt.

4. Theologische Grundmotive nach Gerd Theißen

Der neutestamentliche Theologe Gerd Theißen formuliert auf Basis der Bibel 14 Grundmotive des christlichen Glaubens. Diese stehen für ihn neben den *„beiden fundamentalen Überzeugungen von einem und einzigen Gott und dem Erlöser Jesus"* (Theißen 2003, S. 138). Dabei umfassen diese Grundmotive Überzeugungen, welche dem/der LeserIn in vielen Schriften der Bibel begegnen. Dabei genügt es, *„wenn sie in einigen Schriften in Verbindung mit verschiedenen Themen und in verschiedenen Gattungen auftreten"* (ebd.). Nach Theißen schaffen sie somit „Familienähnlichkeiten" (ebd.) zwischen verschiedenen Schriften aufgrund ihrer gemeinsamen Merkmale. Theißen´s Auflistung von insgesamt 14 Grundmotiven stellt kein strenges System dar, sondern ein *„loses Regelgefüge mit Überschneidungen und Berührungen"* (Theißen 2003, S. 139).

Im späteren Verlauf dieser Arbeit dienen diese 14 Grundmotive dazu herauszufinden, welche religionspädagogischen Anknüpfpunkte sich bei der Kommunikation des Evangeliums für Flüchtlinge in Deutschland bieten. Hierzu werden die fünf erfolgten Interviews mit Flüchtlingen auf die 14 Grundmotive hin untersucht und es gilt dabei herauszufinden, welche Motive sich in den Interviews finden lassen. Diese Motive bieten dann die Anknüpfpunkte zur religionspädagogischen Kommunikation des Evangeliums für die Zielgruppe der Flüchtlinge in Deutschland.

Schöpfungsmotiv

Das Schöpfungsmotiv beinhaltet, dass Gott sich aus Freiheit ein Gegenüber schafft, welches keine zweite Gottheit ist, sondern eben Mensch und Welt. Hierbei hat Gott das Andere so sehr geliebt, dass er im Kommen seines Sohnes ebenso die Neuschöpfung der Welt verheißt.

Gott hat die Welt durch seinen Willen geschaffen und die schöpferische Macht Gottes ist in jedem Augenblick wirksam. Mitten in der Geschichte tritt die Auferstehung seines Sohnes von den Toten hervor. Die Existenz aller Dinge wird auf den einzigen und einen Gott zurückgeführt. Allein durch seinen Willen ist alles geschaffen. Dabei hat dieser Gott keinen anderen Schöpfer und keine andere Welt neben sich und es gibt im Grunde nur Gott und das Nichts sowie seine schöpferische Kraft aus diesem Nichts etwas zu schaffen. (vgl. Theißen 2003, S. 140)

Das Schöpfungsmotiv lässt uns die Welt vor dem Hintergrund eines möglichen Nicht-Seins wahrnehmen und entdecken. Es wird deutlich, dass nichts selbstverständlich ist, auch nicht die bloße eigene Existenz. Jeder Augenblick wird als ein Übergang erfasst. Der Augenblick tritt für einen Moment aus dem Noch-nicht-Sein der Zukunft in den Augenblick der Gegenwart, nur um sofort wieder in das Nicht-mehr-Sein der Vergangenheit zu verschwinden. Gott wird im Lichte der biblischen Sprache als die zentrale

Macht erfahren, die eine ständige Schöpfung aus dem Nichts heraus vollbringt. Im Verständnis der Bibel wird das Geheimnis des Seins als Schöpfung verstanden und leitet dazu an, dieses Angesprochensein in einen Dank für jeden Tag des Lebens, zu verwandeln. Durch dieses Lob und Dank für das Existieren von der Welt und dem eigenen Leben, wird aus einem anscheinend trivialen Sachverhalt ein *„bedeutsames Grunddatum des Lebens"* (Theißen 2003, S. 141). Hierdurch wird das Leben insgesamt intensiver. Das mit dem Schöpfungsbewusstsein entstehende elementare „Kreaturgefühl" (Theißen 2003, S. 141) überlebt in einer säkularisierten Welt und ist unmittelbar präsent (vgl. Theißen 2003, S. 140ff.).

Beispiele aus dem Alten Testament finden sich im Schöpfungsbericht in Genesis 1 und 2, den Psalmen (z.B. Psalmen 104 & 139) sowie Jesaja 43,1 & 51,9+10.

Weisheitsmotiv

Das Weisheitsmotiv beinhaltet, dass der Schöpfung eine erkennbare Ordnung innewohnt, die sich aus der Weisheit Gottes speist. Das Kommen von Jesus Christus beantwortet die irdische Krise der Weisheit durch das unsinnige Leiden in der Welt. In Jesus sind alle Schätze der Weisheit und Erkenntnis verborgen (vgl. Kol. 2,3).

Laut Johannes 1,1ff. ist die Welt durch Gottes Weisheit und Wort geschaffen. Obwohl diese göttliche Weisheit für menschliche Weisheit unerreichbar ist, wird sie dennoch paradoxer Weise durch Christus für uns zugänglich (siehe

Kol. 2,3). Diese, das Leben ermöglichende, Ordnung und Rationalität bestimmt alle Dinge und jedes Geschehen, auch wenn sie damit mehr den Hintergrund des Geschehens betrifft.

Das Weisheitsmotiv lässt nun den Menschen nach einer verborgenen lebensfreundlichen Ordnung in der Wirklichkeit fragen. Es ist möglich die geordneten Strukturen der Wirklichkeit als selbstverständlich hinzunehmen. Ebenso können sie zum Objekt des Staunens werden und motivieren nach weiteren Ordnungsstrukturen zu suchen. Das Leben insgesamt kann im Lichte des biblischen Weisheitsmotivs zum Grund einer „elementaren Sinnbejahung und einer darin wurzelnden Verpflichtung werden" (Theißen 2003, S. 143), diese als sinnvoll erlebte Ordnung zu erhalten. Dies schafft eine Verbindung von Jung und Alt. Die Suche nach der verborgenen Weisheit in der Natur folgt stets der Verheißung, dass das Leben in Übereinstimmung mit ihr besser gelingt, als im Widerspruch zu ihr. Dabei gilt es jedoch zu beachten, dass das was in der Schöpfung weise ist, unter den jeweils herrschenden gesellschaftlichen Verhältnissen (in der Welt) eine Torheit sein kann (vgl. Theißen 2003, S. 143).

Wundermotiv

Im Wundermotiv steht die Erkenntnis im Mittelpunkt, dass nichts vollkommen determiniert ist. Stattdessen ist die Welt offen für Ereignisse, welche alle Erwartungen übersteigen. Gott und Mensch, Gebet und Glauben bewirken wunderbare Veränderungen. Zugleich sind Wunder Zeichen, welche über sich selbst hinausweisen. Das neutestamentliche Urwunder ist das Wunder der Auferstehung und somit ist Jesus Träger solcher Wundermacht.

Im Alten Testament finden sich machtvolle Zeichen und Wunder, die Gott vollbringt. Aber auch Menschen vollbringen im Alten Testament Wunder. Im Neuen Testament dominieren hingegen „irdische Wundercharismatiker" (Theißen 2003, S. 143). In den Wundergeschichten überwiegt ein intensiver Protest gegen alles Leid. Größtenteils dienen die Wunder der Lebensermöglichung und Lebenshilfe, wobei Strafwunder die Ausnahmen bleiben (vgl. ebd.).

Mithilfe des Wundermotivs lässt sich die Wirklichkeit unter dem Aspekt des Unvorhergesehenen betrachten. Nichts ist so vollständig festgelegt, dass die Ereignisse überraschungsfrei ablaufen könnten. Mit dem Wundermotiv ist die Verheißung verbunden, dass der menschliche und subjektive Wunsch nicht von vornherein ohne Chance ist. Stattdessen kann dieser Wunsch im Gebet artikuliert werden. Selbst in einer scheinbar aussichtlosen Situation gibt es noch Hoffnung auf eine Wende. Dieses Wundermotiv schafft es nun Menschen miteinander zu verbinden, indem es zum Ausdruck bringt, dass niemand endgültig aufgegeben wird. Im letzten Augenblick kann es noch eine Wende hin zum Guten geben (vgl. Theißen 2003, S. 143 ff.). Überall den Dingen und Ereignissen des Lebens strahlt die Gewissheit, dass das Leben auch in Extremsituationen in der Macht Gottes geborgen ist. Dabei ist dies kein Fatalismus, sondern ein elementares Wundererleben. (vgl. Theißen 2003, S. 144)

Entfremdungsmotiv

Das Entfremdungsmotiv beinhaltet, dass alles Leben in Distanz zu seinem Ursprung – Gott - steht. Der Mensch wird durch Schuld und Leid, Tod und Endlichkeit, ebenso wie durch dunkle Mächte von Gott getrennt und hat sich so seinem Ursprung entfremdet. Jedoch wird in Jesus Christus diese Distanz von Gott her zum Menschen hin überwunden. (vgl. Röm. 5,6)

Die Bibel ist durchzogen vom Grundsatz, dass Gott heilig, ewig und allmächtig ist. Der Mensch hingegen ist Sünder, dem Tod ausgesetzt und von widergöttlichen Mächten bedroht. Dabei entspricht dieser Gegensatz nicht der Intention Gottes bei der Erschaffung des Menschen. Durch den Sündenfall und der weiteren Entfremdung der Geschöpfe von ihrem Schöpfer wird die Trennung verstärkt. Sünde bedeutet den Verlust von Geschwisterlichkeit und Kooperationsfähigkeit. Mit dem Durchbruch des Monotheismus wird das Sündenbewusstsein auf eine Ursünde konzentriert: auf den menschlichen Abfall von Gott und die Verehrung anderer Götter. (vgl. Theißen 2003, S. 145)

Im Alten Testament lag es beim Menschen, ob geschichtliche Verläufe ein gutes oder böses Ende haben. Gott schreibt seine Geschichte mit dem Volk Israel und gibt diesem die Zusage, dass Schuld durch Opfer gesühnt werden kann.

Im Neuen Testament gibt es hingegen drei Möglichkeiten das Böse zu erklären: erstens durch Sünde (Mt. 3,7ff & Röm. 8,7), zweitens durch Dämonen und böse Mächte (Mt. 12,28 & Röm. 8,31ff.) und drittens durch Gott selbst, der alles ohne Grund verwerfen kann (Röm. 9,19ff.).

Das Entfremdungsmotiv ist ein elementares Lebensmotiv, da es den Menschen die Ferne vom Leben, wie es sein soll erkennen lässt. Das Leben soll sich eigentlich in der Begegnung mit einer in sich unendlich wertvollen Realität, nämlich mit Gott als unbedingte Energie des Guten, bewegen. (vgl. Theißen 2003, S. 146ff.)

„Gott und die Evolution haben den Menschen in das gelobte Land dieses kleinen Planeten geführt und ihm Segen und Fluch vor Augen gestellt. Es ist in die Hände des Menschen gelegt, ob und wie er auf diesem Planeten leben soll." (Theißen 2003, S. 147)

Der Mensch hat die Möglichkeit ein Leben aufgrund des individuellen Lebensentwurfs zu gestalten und erlebt deshalb Versagen umso intensiver. Dabei scheitert er nicht an den äußeren Hindernissen, sondern an sich selber. Die Erkenntnis, dass alle hinter dem zurückbleiben was sie wollen und vor Gott sein sollen, schützt sie ebenso vor Selbstgerechtigkeit. Dieses elementare Entfremdungsgefühl kann den Menschen das ganze Leben lang begleiten. Alle Menschen sind weit weg von dem, was sie eigentlich sein sollen und somit auch weit weg von Gott. (vgl. Theißen 2003, S. 147)

Hoffnungsmotiv

Das Hoffnungsmotiv ist geprägt durch die Erkenntnis, dass die Geschichte von einer Erwartung auf individuelle Erneuerung sowie auf Heilung der Welt durchzogen ist. Diese Heilung findet bereits jetzt schon zeichenhaft mitten in der Welt statt. In Jesus Christus hat diese Hoffnung ihren realen Grund (Lk. 17,21).

Der Christ wird hierbei als Bürger zweier Welten verstanden: er lebt in der alten Welt, aber gehört schon zur neuen Welt, die mit Jesus Christus begonnen hat.

Das Alte Testament ist die Geschichte einer ständig wachsenden Verheißung, welche sich in dem Versprechen eines neuen Bundes, eines neuen Herzens und sogar eines neuen Himmels und einer neuen Erde steigert. Das komplette Neue Testament ist in verschiedenster Weise durchzogen von diesem Übergangsbewusstsein zwischen einer alten und einer neuen Welt. Dabei bestimmt das Bewusstsein, dass Gott neues Leben ermöglicht (Röm. 6,4) und die Chance zur Wiedergeburt gibt (Joh. 3,5 & Tit. 3,5), die Sicht des Menschen (vgl. Theißen 2003, S.148ff.).

Trotz aller Widrigkeiten und negativen Umstände erhält sich der Mensch die utopische Hoffnung auf eine große Wende zum Guten. Damit bleibt das Hoffnungsmotiv ein elementares Lebensmotiv.

Umkehrmotiv

Das Umkehrmotiv beinhaltet, dass Gott jedem Menschen die Chance zur radikalen Veränderung einräumt, ohne ihn dadurch in seiner Freiheit zu beeinträchtigen. Dabei ist der Ruf zur Umkehr die zentrale Botschaft von Jesus Christus. (Mk. 1,15)

Wenn sich der Mensch Gott zuwendet, sich mit Jesus Christus kreuzigen lässt (im biblischen Sinne) und ein neues Leben beginnt, dann eröffnet sich ihm die Möglichkeit dieser eben genannten radikalen Lebensveränderungen (Röm. 6,1ff). In der Bibel entsteht die Vorstellung, dass die menschlichen Geschöpfe ihre Leben radikal umorientieren und neu anfangen können. Dabei kann sich der Mensch sowohl von Gott abwenden aber sich auch ihm zuwenden. Dabei sollte das Motiv für die Umkehr nicht die Angst vor dem Gericht Gottes sein, sondern die Freude Gottes im Himmel und die christliche Vorfreude auf den Himmel (Lk. 15) (vgl. Theißen 2003, S. 151ff.).

Dieses Motiv der Umkehr ist nun eines der positivsten Motive, von denen ein Leben bewegt und geprägt sein kann. Es beinhaltet, dass trotz ständigem Scheitern stets ein Neuanfang bei Gott möglich ist und immer sein wird. Die Menschen sind nicht für immer und endgültig auf ihr Fehlverhalten festgelegt. Stattdessen können sie umkehren und wieder neu aufstehen. Diese Grundüberzeugung von der Erneuerung des Lebens mitten im Leben ist eine der elementaren Gewissheiten des christlichen Glaubens. Dabei wird es nun möglich auch für seine Mitmenschen die Möglichkeit zur Umkehr und Veränderung zu sehen. Diese elementare Umkehrchance, räumen wir den Mitmenschen ein und nehmen sie auch für uns selber in Anspruch. (vgl. Theißen 2003, S. 152)

Exodusmotiv

Das Exodusmotiv umfasst die Erkenntnis, dass Erneuerung in der Bibel nicht nur an einzelnen Menschen geschieht, sondern sich an Gruppen, Gemeinschaften oder einem ganzen Volk manifestiert. Hierbei wird nun die Geschichte von Jesus Christus als eine Geschichte der Befreiung des Menschen hin zur Freiheit verstanden. (Gal. 5,1)

Die Veränderung geschieht durch den Ruf Gottes und kann sich dabei auf einzelne Menschen als auch auf ganze Gruppen beziehen. In der Bibel begegnet einem immer wieder die Vorstellung, dass ein Volk ein Land verlässt, um in ein neues Land vorzustoßen und dort ein neues soziales Leben zu gründen. Der Auszug und der Entwurf eines alternativen sozialen Lebens bilden das Exodusmotiv in der biblischen Tradition. (vgl. Theißen 2003, S. 152 ff.)

Das Exodusmotiv bewegt in der modernisierten Welt immer noch Menschen dazu tradierte Lebensformen zu verlassen, um alternativ neue Formen zu entwerfen. Dies kann auch jenseits der Grenzen der Gesellschaft geschehen. Das Thema erscheint zeitlos und Menschen, welche solche Aufbruchsbewegungen nicht kennen, wirken ärmer. Über alle Zeiten hinweg bleibt ein elementares Aufbruchsbewusstsein, welches uns in der Gegenwart die Zeichen einer neuen und von Gott geschaffenen Welt spüren lässt. (vgl. Theißen 2003, S. 154)

Stellvertretungsmotiv

Im Stellvertretungsmotiv ist enthalten, dass alles Leben eng miteinander verbunden ist und ein Leben auch für andere eintreten kann. Jesus Christus wird für den Menschen zur Sünde, um die Welt mit Gott zu versöhnen. Christus zeigt in seinem Leben eine Hingabe für andere. (2. Kor. 5,18-21)

Die Stellvertretung ist eine Struktur, welche sich durch das komplette Leben zieht. Was einem selber geschieht kann auch analog dazu anderen geschehen. Diese Stellvertretung ist nun in vielfältigen zwischenmenschlichen Verhältnissen möglich und bezieht sich nicht nur auf das stellvertretende Opfer. So vertritt zum Beispiel Adam als Stammvater alle Menschen. Alle sind nach ihm geformt und seine Sünde hat Auswirkungen auf alle. (vgl. Theißen 2003, S. 154)

Das Stellvertretungsmotiv kreiert nun eine Verbundenheit des Einzelnen mit allen Kreaturen und Menschen. So ist in jedem Lebewesen eine uns verwandte Information enthalten und in jedem ringt der Wille zum Leben. Alles Leben lebt auf Kosten anderen Lebens. Das Stellvertretungsmotiv eröffnet so dem Menschen die Möglichkeit zur Umkehr. Menschen können auch positiv füreinander leben und anderen helfen, die Kosten des Lebens zu tragen, anstatt anderen die eigenen Lasten aufzubürden. Damit kennen wir alle ein elementares Füreinandersein.

Einwohnungsmotiv

Beim Einwohnungsmotiv nimmt Gott Wohnung in der geschöpflichen Welt. Dabei ist er im Menschen und in der

Gemeinschaft durch seinen Geist präsent, in Christus durch Inkarnation und in den Riten sakramental gegenwärtig. Die Kirche ist dabei sein Haus, in welchem er lebt und sein Leib (die Gemeinde), in dem er sichtbar wird. Das Menschwerden Gottes in Jesus Christus macht diese Nähe Gottes zu seinen Geschöpfen gewiss. (vgl. Theißen 2003, S. 156)

Dabei beinhaltet das Einwohnungsmotiv, dass Gott mitten im Leben gegenwärtig ist, um das Leben nun durch seine Gegenwart zu heiligen. Die menschliche Welt kann sakramentale Qualität erhalten und zum transparenten Zeichen der Güte Gottes werden. Dabei werden Gegenstände wie Brot und Wein beim Abendmahl, den einzelnen Menschen und der Gemeinschaft der Gläubigen zu Orten der Gegenwart Gottes. In diesem Geschehen wertet das Einwohnungsmotiv die leib-sinnliche Realität um uns und in uns auf. Mit Jesus Christus ist Gott selber in einen konkreten Menschen, in dessen ganze Existenz mit Höhen und Tiefen, mit Leid und Tod, eingegangen. Die Fähigkeit in der wahrnehmbaren Wirklichkeit mehr als nur die sinnhafte Realität zu erleben, begleitet das menschliche Leben als elementares Tiefenerleben.

Glaubensmotiv

Im Glaubensmotiv erschließen sich dem Menschen Gott und Heil ausschließlich durch den Glauben als einem ganzheitlichen Akt des Vertrauens. Im Zentrum aller Menschen, durch die Gott spricht, steht Jesus Christus (Joh. 1).

Im Alten Testament begegnet die Vorstellung vom Glauben zunächst für zwischenmenschliches Vertrauen gegenüber einem Wort oder einer Person. (Prov. 14,15; 26,25; Gen. 45,26) Im Neuen Testament wird der Glaube hingegen zu einem lebensbegründenden Vertrauen in Gott und Christus (Gal. 3,23; Mk. 2,17) (vgl. Theißen 2003, S. 157f.).

Das Glaubensmotiv ist fast eine Umkehr des Einwohnungsmotivs. Im Einwohnungsmotiv transzendiert Gott ins Jenseits und durchdringt die irdische Realität, aber im Glauben transzendiert der Mensch seine endliche Realität, um in die göttliche Realität vorzudringen. Dabei findet er außerhalb seiner selbst einen festen Grund, für ein Überzeugtsein von Dingen, die man nicht sieht (Hebr. 11,1) (vgl. Theißen 2003, S. 158).

Als Lebensmotiv bewirkt das Glaubensmotiv die Motivation zum Leben. Dabei entsteht ein Mut zum Leben, der im Vertrauen auf, das begründet ist, worüber wir nicht verfügen können. Es gibt keine Absicherung und ein Risiko bleibt, aber ein elementares Grundvertrauen, mit welchem alle Menschen ins Leben treten, wird erkennbar.

Agapemotiv

Im Agapemotiv[28] wird jeder Mensch durch die Liebe Gottes zu unserem Nächsten. Dabei ist Christus das Ur- und Vorbild solcher Liebe. (1. Joh. 4,9f.) In der Liebe ist eine positive Beziehung zu Gott und zu den Menschen zu begründen.

---

[28] Agape ist griechisch und bedeutet Liebe – im christlichen Gebrauch bedeutet dies göttliche Liebe

Während der Glaube nun einseitig von Mensch zu Gott und Christus geschieht, und in diesem Sinne nicht auf zwischenmenschliche Beziehungen angewandt wird, werden Gott, Christus und Menschen durch Liebe untereinander verbunden und zwar auf Gegenseitigkeit. (vgl. Theißen 2003, S. 159)

Im Agapemotiv wird die Energie des Glaubens und des Vertrauens auf den Nächsten gerichtet. Dabei ist der Nächste nicht nur der, welcher uns ohnehin bereits nahesteht, sondern auch derjenige, der von uns abweicht, fremd ist und sogar als Feind begegnet. Es gibt eine zentrale Mitmenschlichkeit (vgl. Theißen 2003, S. 160).

Positionswechselmotiv

Das Positionswechselmotiv beinhaltet, dass Gott sich erst erniedrigt und dann erhöht wird. Dabei wird Gott in Christus zum gerichteten Richter, zum Herrn als Knecht und als Gekreuzigter letztendlich zum Grund neuen Lebens.

Neben der Nächstenliebe ist das Positionswechselmotiv der zweitwichtigste ethische Wert. Die Bereitschaft, den eigenen Status zu relativieren und den anderen Mitmenschen unabhängig vom eigenen Status zu behandeln, ist in einer hierarchisch geordneten Gesellschaft der einzige Weg, grundsätzliche Gleichheit und notwendige Hierarchien zu verbinden. Hier und an vielen Orten und Stationen im Leben gibt es elementare Selbstüberwindung.

Gerichtsmotiv

Im Gerichtsmotiv steht im Fokus, dass der Mensch vor dem Gerichtsforum Gottes für seine Taten zur Verantwortung gezogen werden wird. Dabei findet sich der Maßstab und Richter in Jesus Christus (Mt. 25; 2.Kor. 5,10).

Das Besondere des Gerichtsmotivs liegt nun in der Spannung von Gericht und Heil. Gott erscheint im Neuen Testament einerseits als Richter, der auch verurteilt und andererseits als mächtiges Wesen, welches will, dass alle Menschen gerettet werden (1.Tim. 2,4). Durch das Gerichtsmotiv lässt sich alles Leben in Verantwortung vor Gott führen. Alle aufwachsenden Menschen kennen diese elementare Gewissenserfahrung,

Rechtfertigungsmotiv

Das Rechtfertigungsmotiv beinhaltet die Legitimation des Daseins, welche so unbegründbar erscheint wie die Existenz des Lebens insgesamt. Der Mensch hat sich nicht selbst geschaffen und kann dementsprechend sein Verhältnis zu Gott nicht aus eigener Vernunft und Kraft ordnen. Grundlage der Rechtfertigung ist das neue Schöpfungshandeln Gottes in Jesus Christus. (2.Kor. 5,17)

Dabei lässt sich das Rechtfertigungsmotiv als Teil des Gerichtgedankens verstehen, aber es transzendiert die Gerichtsvorstellung und Gott begegnet dem Menschen hier als Schöpfer, der eine Existenz noch einmal beginnen lässt, als König, der in der Welt seine Gerechtigkeit durchsetzt und schließlich als Priester, der ein stellvertretendes Opfer darbringt. Vorrangig begegnet er als Liebe, welche den Menschen bedingungslos akzeptiert, obwohl er nicht akzeptabel ist. (vgl. Theißen 2003, S. 164)

Im Rechtfertigungsmotiv steht nun etwas von der Unverwüstlichkeit des Lebens, welches trotz allen Scheiterns und Versagens ein unauslöschliches Lebensrecht hat. Im Zentrum steht dabei die elementare Lebensbejahung von uns und ebenso von Gott. (vgl. Theißen 2003, S. 165)

5. Werte und Einstellungen als Bezugsgrößen für religionspädagogische Reflexionen

Im Interview-Leitfaden ist die Frage nach der Rolle des Glaubens für den bzw. die Befragten zentral. Ebenso wird die Lebenssituation vor und nach der Flucht ausführlich besprochen.

Dementsprechend sind die Motive des „Glaubens" und des „Exodus" zwei zentrale Motive. Zusätzlich zu den 14 Grundmotiven des Glaubens nach Gerd Theißen werden im Folgenden diese zwei Motive aufgegriffen und unter Bezugnahme auf Prof. Dr. Carsten Gennerich mit seinem Buch[29] „Empirische Dogmatik des Jugendalters – Werte und Einstellungen Heranwachsender als Bezugsgrößen für religionspädagogische Reflexionen" beleuchtet.

In dem Buch gelingt es Carsten Gennerich mit einer methodologisch innovativen empirischen Forschungsmethode, SchülerInnen in ihren Lebenskontexten systematisch wahrzunehmen, die empirischen Beziehungen zwischen ihren Lebensdeutungen und Lebenskontexten zu klären und somit Orientierung für die Unterrichtsvorbereitung zu geben. Hierbei verwendet er die Methodik der Wertefeldanalyse. Die Wertfelder sind „Selbst-Transzendenz", „Bewahrung", „Offenheit für Wandel" und „Selbst-

---

[29] Siehe für komplette bibliografische Angabe das Literaturverzeichnis am Ende des Buches.

Steigerung". Die so gewonnen Perspektiven lassen sich in der konkreten Unterrichtsplanung anwenden.

Doch auch für die Kommunikation des Evangeliums bildet dieser Ansatz einen strategisch und methodisch sinnvollen Ausgangspunkt. Daher werden im Folgenden die Motive „Glaube" und „Exodus", wie sie bei Gennerich zu finden sind, kurz vorgestellt und anschließend mit den anderen 14 Grundmotiven des Glaubens von Gerd Theißen auf die Interviews bzw. die Aussagen der Flüchtlinge angewendet. Ziel ist dabei die Ermittlung und Darstellung der Möglichkeiten zur Kommunikation des Evangeliums für Flüchtlinge in Deutschland.

Glaube

In einer theologischen Orientierung definiert Gennerich den Glauben als Vertrauen, da dies einem breiten Konsens in der theologischen Literatur entspreche (vgl. Gennerich 2009, S. 130).

„Es ist aber der Glaube eine feste Zuversicht auf das, was man hofft, und ein Nichtzweifeln an dem, was man nicht sieht." Hebräer 11,1 (Luther 1984)

Gennerich stellt insgesamt vier Glaubensbegriffe vor (vgl. Gennerich 2009, S. 132ff.):

1. Glaube als Dezentrierung

   Im Verständnis von Glauben als Dezentrierung vertraut der glaubende Mensch auf eine von Gott geschenkte Identität. Diese befreit davon die eigene Identität durch gezielte Selbstdarstellungen erwerben zu müssen. Hierbei wird der Glaube als Beziehungsgeschehen und als ein Vertrauen auf Gott, als ein personales Gegenüber, verstanden. Weltliche Bindungen und Instanzen werden relativiert und der Glaube wird der „feste Halt in dieser Welt", weil Gott diesen Halt gibt.

2. Glaube als progressive Selbstbestimmung

Der bzw. die Glaubende beobachtet, dass er bzw. sie eine ihm bzw. ihr geschenkte Freiheit schon in Anspruch nimmt und damit auf die gegebene prozessuale Offenheit des Lebens vertraut. Dabei wird das eigene Dasein als Geschenk entdeckt, gelebt und durch fortwährende Erkundung und Weiterentwicklung der eigenen Persönlichkeit vollzogen. Dies geschieht durch Kommunikation und Vergleich mit anderen. Die progressive Selbstbestimmung von Glauben zeichnet sich dadurch aus, dass sie die explorative Seite der Identitätskonstruktion stark betont und die Verbindlichkeitsdimension konsequent reflexiv beleuchtet.

3. Glaube als Gehorsam

Der/Die Glaubende vertraut auf die Unbedingtheit der ihm/ihr vermittelten christlichen Normdefinitionen. Der Gehorsam des Glaubens vermag nun eine progressive Dynamik zu entfalten, weil mit ihm alle gesellschaftlichen Autoritäten nur von relativer Bedeutung sind. Insgesamt werden die Dimensionen der Entschiedenheit und Verbindlichkeit betont. Daher kann die als bewusste Komplexitätsreduktion verstandene Gehorsamsentscheidung als ein grundlegender Vertrauensakt an sich begriffen werden.

4. Glaube als Geheimnis

„Geheimnis" fokussiert darauf, dass Gott bzw. das Göttliche in seinen Manifestationen nicht aufgehen. Der bzw. die Glaubende vertraut auf die Tragfähigkeit eines milden Relativismus in der religiösen Selbst- und Weltkonstruktion und damit erhält die Hoffnung Raum zur Entfaltung.

Didaktische Perspektiven von „Glaube"

Mit dem Motiv des Glaubens kann jede Form wesentlichen Verhaltens zur lebenspraktischen Weltbewältigung als eine Praxis der Vertrauenssetzung reflektiert werden. Dabei ist theologisch in den didaktischen Reflexionen zu beachten, dass der „Glaube an Gott" nicht nur in einer bestimmten Wertorientierung aufgehen kann. Daher ist jeder Gottesglaube immer an bestimmte Werte gebunden und erhält somit seine lebenspraktische Orientierungsfunktion (vgl. Gennerich 2009, S. 167ff.).

Exodus

Theißen und Gennerich verstehen beide das Exodus-Motiv als Hoffnungsmotiv. Dabei wird Hoffnung als eine Haltung verstanden, welche von der Zukunft grundsätzlich Positives erwartet. Damit begründet die Theologie Hoffnung als etwas was über das augenscheinliche Mögliche hinausgeht (vgl. Gennerich 2009, S. 265f.).

Versteht man den Exodus als mit Hoffnung verknüpft, wie es Gennerich tut, so ergibt sich, dass die Exoduserzählung ein erinnerbares Befreiungsgeschehen darstellt, welches als Vision für die Zukunft angesichts aktueller Ohnmachtserfahrungen eine Hoffnungsperspektive darstellt. Zugleich fungiert der Sieg über Pharao als ein Modell des eschatologischen Sieges Gottes (vgl. Gennerich 2009, S. 266ff.).

Nach Gennerich sind nun konservative Modelle von den liberalen Modellen zu unterscheiden (vgl. Gennerich 2009, S. 267ff.):

1. Konservative Modelle:

   Die Exodus-Tradition zielt nicht auf eine Veränderung der Verhältnisse, sondern wehrt sich gerade gegen die Idee eigenmächtiger gesellschaftlicher Veränderungen. Im Exodus-Geschehen ist Gott der Handelnde und somit der Befreier. Dies betont auch die Geschichtsmächtigkeit Gottes. Ebenso dient der Exodus zum Trost und weniger dem Moment der sozialen Veränderung oder Revolution.

2. Liberale Modelle:

   Theißen sieht im Exodus ein elementares Aufbruchsbewusstsein als prägend für das Exodusmotiv. Hierbei stehen ein alternatives soziales Leben und die politisch-soziale Befreiung im Fokus
   der Betrachtung. Zentral sind hierbei die Werte
   Freiheit und Selbstständigkeit.

Didaktische Perspektiven von „Exodus"

Zusammenfassend lässt sich sagen, dass im Exodusmotiv
deutlich wird wie die Hoffnung auch in Situationen der
Ohnmacht nicht verloren geht. Der Exodus steht als Sinn-
bild für die Brücke von einer Situation der Unfreiheit hin
zu einer der Freiheit. Ebenso kennzeichnet das Motiv die
Freiheit als ein vollzogenes Geschehen in der Vergangenheit, welches durch die Schwierigkeiten der Gegenwart
nicht in Frage gestellt werden kann. (vgl. Gennerich 2009,
S. 268f.)

Didaktisch sinnvoll erscheint daher, sowohl Gottes Handeln als auch die menschlichen Möglichkeiten angemessen
in den Blick zu nehmen. Wahrnehmungen von Unfreiheit,
Unterdrückung und Benachteiligung von den Flüchtlingen
können mit eingebracht werden. Damit werden Bewälti-
gungsprozesse unterstützt und der Anschluss zur Kommunikation des Evangeliums anhand der Geschichte des
Volkes Israel geschaffen.

6. Darstellung der Interviews

Die Interviews fanden 2013 im regionalen Diakonischen Werk Gießen statt. Es wurden insgesamt fünf Personen interviewt. Alle fünf Personen leben schon länger in Deutschland, haben einen rechtmäßigen und dauerhaften Aufenthalt in Deutschland und sind bzw. waren KlientInnen der Migrations- und Flüchtlingsberatung des regionalen Diakonischen Werkes Gießen.

Die Interviews dauerten zwischen 8 und 21 Minuten.

Mithilfe eines Interview-Leitfadens wurden die Interviews durchgeführt. Dieser enthielt folgende Fragen:

- Wie heißen Sie und woher kommen Sie?
- Wie und wann sind Sie nach Deutschland gekommen?
- Wie haben Sie es geschafft hier anzukommen und eine neue Heimat zu finden?
- Was hat Ihnen dabei geholfen?
- Wie und wodurch konnten Sie Geborgenheit und Sicherheit hier in Deutschland finden?
- Wie und wodurch konnten Sie die Vergangenheit hinter sich lassen?
- Gab es Erfahrungen des Zuspruchs als Hilfe bei Ihrem Neuanfang?
- Inwiefern spielt der Glaube für Sie eine Rolle?

- Was wünschen Sie sich für die Zukunft?

In der Regel wurden im Laufe des Interviews alle Fragen beantwortet.

Im Folgenden eine kurze Darstellung der interviewten Personen:

1. Frau N. aus dem Iran:

   Frau N. kam vor ca. 1,5 Jahren als unbegleiteter minderjähriger Flüchtling nach Gießen. Sie hat in Gießen Asyl beantragt und inzwischen die Flüchtlingseigenschaft zugesprochen bekommen (vgl. §60 Abs. 1 Aufenthaltsgesetz). Da sie als Minderjährige nach Deutschland kam, lebt sie seit ihrer Ankunft in einer Jugendhilfeeinrichtung.

2. Frau Ki. aus Eritrea:

   Frau Ki. floh bereits 1984 aus dem damals von Äthiopien besetzten Eritrea nach Deutschland. Sie hat auf ihrem Weg nach Deutschland eine lange Reise durchlaufen und kam letzten Endes in einem Flüchtlingslager in der Nähe von Frankfurt am Main an. Auch sie wurde als Flüchtling anerkannt und konnte sich ein neues Leben in Deutschland aufbauen.

3. Frau M. aus dem Iran:

   Frau M. kam vor 28 Jahren aus dem Iran nach Deutschland. Im Gegensatz zu den anderen Interviewpartnern hat sie kein Asylverfahren durch-laufen, sondern kam als Studentin nach Deutsch-land. Ihr Motiv war doch ebenso die Flucht aus dem Iran aufgrund der für sie lebensbedrohlichen Lebensumstände dort.

4. Herr P. aus Afghanistan:

Herr P. ist vor ca. zwei Jahren aus Afghanistan ge-flohen. Sein Weg nach Deutschland erstreckte über mehrere andere europäische Länder und es hat lange gedauert, bis er Deutschland erreicht hat. Im Ergebnis des Asylverfahrens wurde ihm die Flüchtlingseigenschaft zugesprochen (vgl. §60 Absatz 1 Aufenthaltsgesetz) und er darf dauerhaft in Deutschland bleiben. Als anerkannter Flücht-ling hat er das Recht seine Familie vereinfacht nach Deutschland zu holen. In Afghanistan war-ten noch seine Mutter und 6 weitere Geschwister darauf nach Deutschland kommen zu dürfen.

5. Herr T. aus der Türkei:

Herr T. ist Kurde und lebte bis 2004 in der Türkei an der Grenze zu Syrien. Als er nach Deutschland floh, bekam auch er hier die Flüchtlingseigen-schaft zugesprochen. Lange Zeit litt er unter De-pressionen. Er war verheiratet und hat ein Kind hier in Deutschland, um das er sich kümmert.

Momentan sucht er nach einem Job, um seinen Lebensunterhalt selbst finanzieren zu können.

7. Auswertung und Einordnung zu den Biblischen Motiven

Im Folgenden werden die Ergebnisse der Interviews auf die 14 Grundmotive des Glaubens (Gerd Theißen) und die Motive „Glaube" sowie „Exodus" (Carsten Gennerich) hin untersucht und interpretiert. Dabei steht im Fokus, ob und inwiefern sich in den Interviews Anknüpfpunkte für die Motive finden lassen.

Im Anschluss daran wird zusammenfassend dargestellt, welche Möglichkeiten zur Kommunikation des Evangeliums für die Zielgruppe der Flüchtlinge sich hieraus ergeben. Hinweisend sei noch erwähnt, dass auch wenn sich die Anknüpfpunkte für das jeweilige Motiv in mehreren Aussagen des Interviews finden, wird jeweils nur ein Beispiel angeführt.

1. Interview mit Frau N. aus dem Iran

Bei Frau N. aus dem Iran finden sich im Wesentlichen die Motive „Exodus", „Wunder", „Entfremdung", „Glaube", „Weisheit" und „Hoffnung".

Exodus:

Wie bei allen befragten Flüchtlingen bietet die Fluchtgeschichte, in diesem Fall aus dem Iran, die Vorlage das Motiv des Exodus. Frau N. hat den Iran verlassen, um in

Deutschland ein neues Leben zu beginnen. Ein Weiterleben im Iran war für sie nicht möglich und sie hat sich aufgemacht, um ein neues freies Leben zu finden.

„Dann aber wir haben gesagt wir haben nur einen Gott. Dann ähm aber also die Leute von Iran sagen nein, wir haben keinen ein Gott. […] Ja ähm deswegen Probleme gehabt."

Wunder:

Das Wundermotiv zeigt sich darin, dass sie in Deutschland eine neue Heimat gefunden hat. Es hat sich doch noch alles zum Guten gewendet.

„Also ich fühle mich wohl. Ist gut. Das gefällt mir."

Entfremdung:

Das Entfremdungsmotiv zeigt auf, dass das Leben von Schuld, Leid, Tod und Endlichkeit geprägt ist. Nichts ist vollkommen und es gibt viele Probleme durch die Trennung von Gott. Frau N. weiß, um die Probleme im Iran und ist deshalb nach Deutschland geflohen.

„Dann in Iran dürfen wir nicht also wegen Christ ist oder katholisch, andere also Religion sprechen."

Glaube:

Der Glaube ist das Vertrauen und die Zuversicht, auf das künftige Gute. Der Glaube gestaltet die Sicht auf die Welt und die eigene Identität innerhalb der Welt. Frau N. weiß, um die Bedeutung des Glaubens. Aber in Deutschland ist

ihr der Glaube nicht mehr so wichtig wie zuvor im Heimatland.

*„Das ist wichtig, aber ich denke das nicht, weil ich hab so viel zu
tun gehabt."*

Weisheit:

Das Motiv der Weisheit schafft eine Lebensbejahung und
bei Frau N. Zufriedenheit mit dem Leben in Deutschland
sowie eine Zuversicht für die Möglichkeiten zur Lebensge-
staltung, welche sich ihr hier bieten.

*„Also ich konnte nicht in Iran Polizistin werden. […] Dann ich
hab das also ausgesucht einfach."*

Hoffnung:

Frau N. hat die Hoffnung eines Tages mit ihrer Familie
zusammen in Deutschland leben zu können.

„Ja also mit meine Familie zusammen leben."

2. Interview mit Frau Ki. aus Eritrea

Bei Frau Ki. finden sich die Motive „Exodus", „Entfremdung", „Stellvertretung", „Wunder", „Weisheit", „Positionswechsel", „Gericht", „Hoffnung", „Schöpfung" und
„Glaube".

Exodus:

Frau Ki. floh im Jahr 1984 vor dem Krieg zwischen Eritrea
und Äthiopien erst in den Sudan und dann später nach
Deutschland.

„Es war Kampf und wir sind aus Eritrea abgekommen und unse-
re Nachbarland ist Sudan. Wir sind nach Sudan gekommen."

Entfremdung:
Der Krieg, den Frau Ki. erlebt hat, kann im Lichte des Ent-
fremdungsmotivs und der Distanz zwischen Gott und den
Menschen gesehen werden.
„Damals war Krieg zwischen Eritrea und Äthiopien."

Stellvertretung:
Als Frau Ki. fliehen musste, hatte sie bereits zwei Kinder.
Stellvertretend für die Kinder traf sie die Entscheidung zur
Flucht und machte sich auf die Reise in eine neue ungewis-
se Zukunft.
„Ich habe dann zwei Kinder gehabt, wo ich nach Deutschland
gekommen bin."

Wunder:
Frau Ki. gelang die Flucht nach Deutschland und sie schaff-
te es, sich hier ein neues Leben aufzubauen.
„Und in Deutschland wirklich sie haben und mal aufgenommen
und meine Kinder durften mal Kindergarten, ich durfte zur
Schule zu gehen und arbeiten."

Weisheit:
Für Frau Ki. ist Deutschland zur neuen Heimat geworden
und sie ist zufrieden mit ihrem Leben hier.

„Meine Heimat ist ja auch Deutschland, weil wenn ich zurück gehe, ich glaube ich passe nicht zu die Leute."

Positionswechsel:

Frau Ki. ist durch die traumatischen Ereignisse während des Krieges geprägt und kann diese nicht vergessen. Dieses Erleben von Unrecht bietet die Projektionsfläche für das Positionswechselmotiv.

„Aber es ist schwer, ich nicht darüber sprechen. Ähh ich habe mit die eritreische Kämpfer vier Jahre gekämpft."

Gericht:

Jeder Mensch wird für seine Taten eines Tages zur Rechenschaft gezogen werden. So auch die Menschen, welche damals das Leid und den Tod im Krieg verursacht haben.

„Ich habe gekämpft und viele meine Kollegen gestorben sind habe ich vor mir gesehen."

Hoffnung:

Frau Ki. blickt positiv in die Zukunft und ihre Aussagen, lassen sich mithilfe des Hoffnungsmotives verstehen.

„Ich lebe und ich nehm es wie es ist."

Schöpfung:

Frau Ki. ist Christin und weiß um die Existenz Gottes und ihrer Geschöpflichkeit.

„Normalerweise ich bin orthodox aber jetzt ich tendier mich dahin wo predigen, ich an Gott glauben."

Glaube:

Frau Ki. ist Christin und lebt ihren Glauben. Der Glaube ist für sie sehr zentral und sinnstiftend.

„Normalerweise ich bin orthodox aber jetzt ich tendier mich dahin wo predigen, ich an Gott glauben. Ich gehen in evangelische Kirche, ich gehen in katholische Kirche. Egal welche Kirche vor mir ist, ich gehe rein."

3. Interview mit Frau M. aus dem Iran

Bei Frau M. aus dem Iran findet sich eine Fülle von Motiven, zumal das Interview mit ihr auch das Längste war. So finden sich bei ihr „Exodus", „Wunder", „Entfremdung", „Gericht", „Hoffnung", „Stellvertretung", „Weisheit", „Positionswechsel" und „Glaube".

Exodus:

Frau M. kam vor 28 Jahren aus dem Iran nach Deutschland. Im Gegensatz zu den anderen Befragten hat sie keine typische Fluchtgeschichte, sondern kam als Studentin hier nach Deutschland. Doch auch dies war für sie eine Flucht vor dem iranischen Regime, obwohl sie lieber in der Heimat geblieben wäre.

„Das kann man nie vergessen, weil ich wollte nicht meine Heimat verlassen."

Wunder:

Frau M. hat an mehreren Stationen ihres Lebens unerwartete und positive Wendungen erlebt.

„Dann habe ich das Studium abgebrochen und habe bei TÜV, bei diese akademischem wie das heißt, Mietwagen. Ich habe sechs Monate Intensivkurs besucht damit ich diese Unternehmerprüfung habe."

Entfremdung:

Frau M. hat im Iran Unrecht durch Menschen erlebt und in Deutschland gesehen, wie schwierig ein Neuanfang auch sein kann.

„Und danach wünscht für sich irgendwann wie alle andere Leute in diesem Land akzeptiert werden und in normale Rhythmus leben kann. Das ist eine riesige Kampf und hat keine Ende."

Gericht:

Im Gerichtsmotiv wird deutlich, dass sich jede Person eines Tages vor Gott als dem Richter verantworten muss. Im Fall von Frau M. gilt dies auch für die Menschen, welche das Leid im Iran verschuldet haben.

„Weil da ist immer Zwang. Da ist äh Macht von Pistole immer noch da. Das heißt du kannst nicht deine Meinung äußern, du kannst nicht Mund aufmachen."

Hoffnung:

Die Hoffnung von Frau M. ist ein selbstbestimmtes Leben unabhängig - von Sozialleistungen und ohne Druck. Ebenso wünscht sie sich Gesundheit.

„Und zweite Schritt ist, dass ich nach allem was ich durchgemacht habe, das ich endlich einen Job habe [...].“

Stellvertretung:

Nach der Scheidung von ihrem Ex-Mann hat Frau M. gearbeitet, um sich und die Kinder zu versorgen. Stellvertretend hat sie für ihre Kinder Geld verdient.

„Und dann nach dem Scheidung mit zwei kleine Kinder hab ich trotzdem alleine 24 Stunden am Tag 3 Jahre lang gearbeitet.“

Weisheit:

Frau M. ist dankbar und glücklich, dass sie in Deutschland Zuflucht finden konnte.

„Und äh ja trotz allem bin ich ganz ganz glücklich, dass ich in Deutschland bin.“

Positionswechsel:

Im Lichte des Positionswechselmotivs, weiß Frau M. um die Relativität ihrer Selbst und freut sich umso mehr über was Positive, was sie hier in Deutschland erlebt hat.

„Und trotz allem bin ich ganz dankbar bis Ende meine Leben, dass überhaupt diese Land mir diese Chance gegeben hat.“

111

Glaube:

Frau M. glaubt an einen Gott, aber kritisiert zugleich die Institution „Religion" und besonders den Islam.

„Ich glaube nur an Gott, weil ich mir denke irgendwann Mohammed war genau eine solche Verbrecher, die ähh alle Araber mit Zwang auf diese Religion Islam gezwungen hat."

4. Interview Herr P. aus Afghanistan

Herr P. ist überzeugter Christ und lebt seinen Glauben besonders in der lokalen Kirchengemeinde aus. Dort verbringt er gerne den ganzen Sonntag. Bei ihm finden sich nun die Motive „Exodus", „Wunder", „Stellvertretung", Weisheit", „Glaube", „Einwohnung" und „Hoffnung".

Exodus:

Herr P. floh vor ca. zwei Jahren aus Afghanistan nach Deutschland und hat hier Zuflucht finden können.

„Ja ich bin seit zwei Jahren in Deutschland und ich komme aus Afghanistan."

Wunder:

Bereits nach sechs Monaten hat Herr P. schon seine Flüchtlingsanerkennung erhalten und konnte das Asylbewerberheim verlassen. Seitdem darf er sich frei bewegen.

„Und ich war sechs Monate in Asylheim Ostdeutschland. Und danach mein Pass bekommt und in Freiheit ich gesagt ja ich gehen nach Gießen oder andere Stadt"

Stellvertretung:

Herr P. hat mehrfach erlebt wie sich die MitarbeiterInnen des Diakonischen Werkes sich für ihn eingesetzt und unterstützt haben.

„Ja natürlich viel geholfen mir erste Mal bin ich gegangen in Diakonische Werk […] viel geholfen immer und alle Sachen."

Weisheit:

Herr P. hat sich gut in Deutschland zurechtgefunden und sich ein eigenes Leben aufgebaut.

„Und viele schöne Sache passiert ja immer ist gut gelaufen."

Glaube:

Herr P. ist überzeugter Christ und der sonntägliche Gottesdienstbesuch sowie die anderen Angebote der Kirche sind ihm sehr wichtig.

„Ja ich bin Christ und immer ich gehen zum Gottesdienst morgens, abends Sonntag. Am Abend ähh Studentengemeinde."

Einwohnung:

In der Gemeinschaft der Gläubigen in der Gemeinde erlebt Herr P. sein spirituelles Leben. Im Gottesdienst erlebt er Gott und seine Gegenwart.

„Bibelgemeinde ja. Ich bin immer da. Ganze Tag."

Hoffnung:

Herr P. blickt recht zuversichtlich in die Zukunft und hofft auf die Wende zum Guten.

„Alle Leute ist nett hier, viel geholfen, immer bin ich glücklich ja."

5. Interview mit Herrn T. aus der Türkei

Herr T. ist Kurde und kam 2004 aus der Türkei nach Deutschland. Bei ihm finden sich die Grundmotive „Exodus", „Wunder", „Stellvertretung", „Entfremdung", „Positionswechsel", „Agape", „Gericht", „Weisheit", „Glaube" und „Hoffnung".

Exodus:

Herr T. kam als kurdischer Flüchtling aus der Türkei 2004 nach Deutschland und hatte danach psychische Probleme. Diese dauern bis heute noch an.

„Ich ähh bin Kurde von Türkei und seit 2004 ich gekommen eingereisen nach Deutschland und ich war fast 5 Jahre in Asylheim lebt. [...] Ich habe Medikamente und so."

Wunder:

Nach einiger Zeit hat Herr T. eine Flüchtlingsanerkennung erhalten und darf nun in Deutschland bleiben.

„Ich habe Aufenthalt Anerkennung bekommen und ich habe Sprachschule besucht."

Stellvertretung:

Herr T. hat immer wieder erlebt, dass sich MitarbeiterInnen des Diakonischen Werkes für ihn und seine Anliegen stellvertretend eingesetzt haben.

„Beispiel Frau S. war sehr gut bei mir. [...] Sie hat alles meine Arbeit gemacht. Jobcenter kommen etwas ähh Dokumenten. Dies steht nun aber wir gucken Bücher und normalerweise Sie hatten dann Recht aber die schicken so."

Entfremdung:

Herr T. fühlt sich von den Behörden ungerecht behandelt. Diese ungerechte Behandlung bietet die Projektionsfläche für das Entfremdungsmotiv.

„Aber manchmal ich gehe die Behörden Beispiel mal Arbeitsamt oder Jobcenter, ich will beruflich was machen. Die wollen nicht einfach sagen nein aber die schicken dich irgendwo. Du musst dort so Dokumente erledigen so. Dann wenn du hast alles gemacht die finden noch anderes etwas."

Positionswechsel:

Herr T. erlebte im Asylheim immer wieder wie er zu Unrecht beschuldigt und falsch behandelt wurde. Im Positionswechselmotiv wird ersichtlich, dass es Jesus als Gottes Sohn genauso erging.

„ ... ja aber manche Sache ich habe Recht zum etwas sagen, wenn gefällt ihnen nicht, die machen mich schlecht [...]"

Agape:

Im Agapemotiv kommt die Zuwendung zum Nächsten zum Ausdruck.

„Und ich helfe jede Leute […]"

Gericht:

Im Gerichtsmotiv wird deutlich, dass sich jeder Mensch eines Tages vor Gott für seine Taten verantworten muss. Das gilt auch für die Menschen, welche Herrn T. falsch behandelt haben.

„Beispiel ich nehmen Depressionskrankheit, die Chefin kann das wissen aber sie muss nicht die andere meine Asylkollegen erzählen."

Weisheit:

Herr T. hat sich gut eingelebt in Deutschland und eine lebensbejahende Einstellung.

„Ja ich bin gewöhnt Beispiel. Ich bin jetzt gewöhnt."

Glaube:

Herr T. hat keinen spezifischen Glauben sondern glaubt einfach an einen Gott. Ebenso wichtig ist ihm der Respekt vor den anderen Menschen.

„Ich glaube an einen Gott ist ein Gott. Ich respektiere Menschen und so. Außer dass bei mir der eine Hindu oder eine Buddhist oder eine Moslem oder Christ bei mir egal."

<u>Hoffnung:</u>

Herr T. hat Wünsche für die Zukunft. Besonders hofft er auf eine Ausbildung und einen Arbeitsplatz.

„Ich will eine Ausbildung. […] Vielleicht irgendwo Arbeitsplatz kommen kriegt man dort auch."

8. Perspektiven zur Kommunikation des Evangeliums für Flüchtlinge

Durch die Analyse der Interviews mithilfe der 14 biblischen Grundmotive (Gerd Theißen) und der Vertiefung der Motive „Glaube" und „Exodus" (Carsten Gennerich) lassen sich insgesamt 12 von 14 Motiven als Anknüpfungspunkte zur Kommunikation des Evangeliums bei Flüchtlingen finden. Diese 12 Motive sind:

- Exodus
- Wunder
- Entfremdung
- Glaube
- Weisheit
- Hoffnung
- Stellvertretung
- Positionswechsel
- Gericht
- Schöpfung
- Einwohnung
- Agape

Bei genauerer Betrachtung zeigt sich, dass sich insbesondere Anknüpfpunkte für die Motive „Exodus", „Gericht",

„Glaube" und „Hoffnung" verstärkt in allen Interviews finden lassen.

Exodus

Die scheinbare Omnipräsenz des Exodusmotivs lässt sich dadurch erklären, dass alle Flüchtlinge eine Flucht aus ihrem Heimatland nach Deutschland hinter sich haben. Oftmals dauerte diese Flucht mehrere Tage, Wochen oder sogar Monate. Die Flüchtlinge haben ihr Heimatland unfreiwillig verlassen müssen und werden wohl nie zurückkehren können. Daher ist das Ereignis der Flucht für sie ein sehr einschneidendes Erlebnis und hat sie tief geprägt.

Diese Prägung bietet nun Ansatzpunkte zur Kommunikation des Evangeliums. So hat das Volk Israel aus dem Alten Testament eine lange Fluchtgeschichte und selbst Jesus musste als Baby mit seinen Eltern nach Ägypten fliehen.

Gericht

Bevor die Flüchtlinge ihr Land verlassen, erleben sie Gewalt, Ungerechtigkeit und unfaires Verhalten. Dabei kann dies gegen sie persönlich, ihre Bevölkerungsgruppe, ihr Geschlecht oder ihre Religion gerichtet sein. In jedem Fall fühlen sie sich persönlich bedroht und sehen nur die Möglichkeit der Flucht, um dieser Bedrohung zu entkommen.

Die Bibel ist gefüllt mit Geschichten von Menschen, welche unter anderem lebensgefährlich bedroht wurden. Als ein

Beispiel ist der Prophet Daniel zu nennen, welcher als Gefangener des Königs Nebukadnezar leben musste. Doch auch Paulus im Neuen Testament kennt die Situation der persönlichen Bedrohung und der Flucht. In allen Fällen greift jedoch Gott als allmächtig handelnder Akteur ein und wendet die Situation zum Guten.

Bei den Flüchtlingen wie auch in der Bibel entsteht der Wunsch nach Vergeltung, Rache und Gerechtigkeit. Doch die Bibel lehrt, dass es nicht an uns Menschen liegt dies auszuführen, sondern, dass Gott sich darum kümmert; spätestens dann, wenn jeder Mensch vor seinem Richterstuhl erscheinen muss. In der Bibel findet sich dieser Gedanke unter anderem in der sog. Bergpredigt von Jesus wieder (Matthäus 5 bis 7).

Glaube

In allen Interviews kommt der Glaube an Gott zur Sprache und wird Teil der eigenen Identitätskonstruktion. Ebenso wird in den Interviews deutlich, dass die Institution „Religion" abgelehnt wird. Stattdessen wird ein allumfassender und allgemeiner Gottesglaube propagiert, welcher nicht an eine Religion gebunden ist.

In der christlichen Tradition steht der „abstrakten Religion", das neutestamentliche Verständnis von Kirche als Leib Christi entgegen. In der Bibel findet sich die Gemeinschaft der Heiligen als ein von Gott gewolltes Geschehen. Nichtsdestotrotz bietet das Vorhandensein um einen allmächtigen

Gott die Basis zur Kommunikation des Evangeliums für Flüchtlinge.

Hoffnung

Alle Flüchtlinge verlassen ihr Heimatland in der Hoffnung auf eine bessere und positivere Zukunft. Dabei tragen sie sowohl für sich selber als auch für ihre Kinder Hoffnungen mit sich.

In der Bibel findet sich dieses Hoffnungserleben in vielfältiger Art und Weise. Der/Die ChristIn wartet auf die Erlösung der Welt durch das erneute Kommen von Jesus Christus und lebt bis dahin in der Spannung zweier Welten, der alten weltlichen und der neuen geistlichen Welt.

9. Tipps und Ideen für Kirchengemeinden

Hier eine Auswahl an Ideen und Tipps für Kirchengemeinden in der Arbeit mit Flüchtlingen:

- Dass eine Gemeinde Flüchtlinge und Asylsuchende bei sich und in unserer Gesellschaft willkommen heißt, indem sie die Bewohner und Bewohnerinnen eines Flüchtlingsheims besucht und mit ihnen ein Fest feiert, oder die Bewohner und Bewohnerinnen zu sich in ihr Gebäude einlädt zum gemeinsamen Kochen, Essen, Spielen, Reden, Tanzen, Feiern …

- Dass eine Gemeinde Gesprächs- und Begegnungsräume schafft

- Dass wir unsere Gottesdienste öffnen und Sprachbarrieren überwinden, um mit Neuankömmlingen zusammen Gemeinde zu bauen

- Dass Gemeindeglieder Flüchtlinge und Asylsuchende bei Behördengängen, Arztbesuchen, Schulgesprächen begleiten …

- Dass kompetente Mitarbeiter und Mitarbeiterinnen der Gemeinde Flüchtlinge und Asylsuchende in rechtlichen Fragen beraten

- Dass eine Kirchengemeinde die politische Gemeinde darin unterstützt, menschenwürdigen Wohnraum für Flüchtlinge und Asylsuchende zu finden

122

- Dass eine Gemeinde durch besondere Aktionen, Konzerte, Kollekten … für finanzielle Unterstützung sorgt

- Dass eine Gemeinde, wenn eine Abschiebung droht und damit die Würde oder das Leben in Gefahr sind, Flüchtlinge aufnimmt und beschützt, bis eine akzeptable Lösung gefunden ist.

10. Perspektiven für die professionelle Soziale Arbeit

Um sich als SozialarbeiterIn und SozialpädagogIn professionell mit den sozialen Problemen der KlientInnen auseinandersetzen zu können, braucht es eine umfassende wissenschaftliche Theorie der Natur und des sozialen Verhaltens von Menschen, die nach einer Theorie sozialer Gebilde und der Beziehung zwischen Individuen und sozialen Gebilden verlangt.

Das Problem dabei ist, dass uns ein Menschenbild in der Regel immer nur als Ideologie einer bestimmten Religion, einer bestimmten Philosophie, einer Wissenschaftsrichtung oder Weltanschauung begegnet. Kritisch lässt sich sagen, dass das Menschenbild ein Teil und Funktion einer bestimmten Ideologie ist und dort seine Grenze findet, wo diese Ideologie bzw. Religion nicht mehr geteilt wird. Dies steht aber im Widerspruch mit dem Wahrheitsanspruch einer Religion, jedenfalls, wenn diese Religion das Prädikat „Wahrheit" auch für ihr Menschenbild in Anspruch nimmt. Und ganz dramatisch wird es, wenn eine Religion für ihre religiöse Wahrheit göttliche Legitimierung in Anspruch nimmt, etwa in Form einer Offenbarung (wie bei den auf Schriften basierenden Religionen Judentum, Christentum und Islam).

Der Begriff „Menschenbild" ist nun als eine Metapher zu verstehen. Das Menschenbild als solches bezieht sich dabei auf den Menschen allgemein und beinhaltet, das, was man über den Menschen glaubt bzw. zu wissen glaubt. Neues Wissen und neue Erfahrungen mit anderen Menschen werden laufend und andauernd in einen sinnvollen Zusammenhang mit dem bereits vorhandenen Wissen gebracht. Hierdurch entwickeln alle Menschen laufend ihre eigene Theorie über die Natur und die Funktionsweise des Menschen. Daher können „Menschenbilder" insgesamt als verallgemeinerte Theorien über den Menschen bezeichnet werden. Dieses Menschenbild kann nun von unterschiedlicher Qualität sein. Es kann bewusst oder unbewusst sein, diffus oder explizit, unvollständig oder vollständig, zufällig oder systematisch sein. Dabei kann es sich nun um eine Alltagstheorie, um ein religiöses Menschenbild oder um eine wissenschaftliche Theorie handeln. Für professionelles Handeln, also reflektiertes, systematisches und zielgerichtetes, objektivierbares, effektives und effizientes Handeln, ist Alltagsdenken und Erfahrungswissen als Wissensgrundlage ungenügend. Daher ist ein reflektiertes und bewusstes Menschenbild unerlässlich. Der/Die SozialarbeiterIn und SozialpädagogIn ist im Rahmen seiner bzw. ihrer Fachlichkeit aufgefordert sich mit dem eigenen Menschenbild und den eigenen Werten und Normen auseinander zu setzen.

Abschließend ist festzuhalten, dass ein professionelles Menschenbild die Grundlage für eine allgemeine Handlungstheorie ist, welche den Zusammenhang von Wissen und Handeln beschreibt und erklärt. Dies ist die Voraussetzung für den Theorie-Praxis-Transfer.

11. Als Christ den Flüchtlingen begegnen

Wie zeigt sich das christliche Menschenbild in der Arbeit mit Flüchtlingen?

Die Einstellungen der Christinnen und Christen:

- Wer seine Praxis im skizzierten Bezugsrahmen personaler Werte betrachtet, wird für sein Handeln bestimmte Vorzeichen setzen (vgl. Baumgartner 2005, S. 8ff.)

- Es hängt nicht alles von mir ab!

- Es kommt nicht nur auf meine Leistung an!

- Der Andere ist in seinem Wert nicht daran zu messen, was er hat oder kann!

- Es gibt keinen hoffnungslosen Fall!

- Der Andere ist nicht Bittsteller, sondern als Person Anspruchsberechtigter für Respekt und Wertschätzung!

Diese Handlungsmaximen entstammen einer christlichen Anthropologie und übersteigen den Rahmen rein sozialwissenschaftlicher Motivation und Reflexion.

Weiterhin findet eine Entlastung von Ansprüchen an sich selbst statt.

<u>Die gezielte Fachlichkeit auch in Gemeinden</u>

Die fachliche Qualität in der Arbeit von Kirchengemeinden leitet sich in erster Linie nicht aus Wettbewerbs- oder Effizienzkriterien ab, sondern aus dem christlichen Verständnis, dass der/die Kranke, der/die Leidende, der/die Behinderte von Gott her bereits mit Würde und Wert ausgestattet ist. Dieser Umstand verlangt nach einem bestmöglichen fachlichen Niveau. Daher sind Fachlichkeit und Christlichkeit keine zwei gegensätzlichen Alternativen. Vielmehr lässt sich nur über die christliche Dimension des Handelns eine hohe Fachlichkeit verwirklichen. (vgl. Baumgartner 2005, S. 9-11)

<u>Die Tatsprache des christlichen Glaubens</u>

Der christliche Glaube bedingt soziales Handeln. Im mitmenschlichen und unterstützenden Helfen zeigt sich der praktisch gelebte Glaube.

„Anders gesagt: es gibt demnach die volle Professionalität christlicher Sozialer Arbeit nur, wenn in ihr Liebe, Compassion und Gerechtigkeit den Ton angeben, also Haltungen, die Gott selbst zugeschrieben werden. Wer so handelt, bewegt sich im Horizont einer Gottes-Praxis und tut kund, dass menschliche Existenz nicht rein weltimmanent angelegt ist." (Baumgartner 2005, S. 11f.)

Damit wird deutlich, dass im Moment, in dem Zuwendung und Hilfe geschieht, die christliche Botschaft deutlich wird. Diese zeigt sich im menschlich gebrochenen, von Anfang an wirkenden und über den Tod hinaus reichenden Interesse eines liebenden Gottes an seinem menschlichen Geschöpf. (vgl. Baumgartner 2005, S. 12)

12. Fazit

Bei der Betrachtung der Situation von Flüchtlingen in Deutschland wird deutlich, dass es sich um eine heterogene Gruppe von Menschen aus aller Welt handelt. Ihnen ist gemeinsam, dass sie vor Gewalt, Verfolgung und Unterdrückung aus ihrem Heimatland geflohen sind, um in Deutschland Schutz zu suchen. Doch statt dem erhofften Schutz erwartet sie hier ein System der Kontrolle und Ablehnung. Obwohl das Recht Asyl zu suchen und zu genießen in der Allgemeinen Erklärung der Menschenrechte verankert ist, zeigt sich bei genauerer Betrachtung, dass dies nur eine Utopie ist. Die Flüchtlinge dürfen zwar in Deutschland bleiben, sind aber in vielerlei Hinsicht vom alltäglichen gesellschaftlichen Leben ausgeschlossen. Hinzu kommt die schwierige und oft langwierige Verarbeitung der erlebten traumatischen Ereignisse.

Die Analyse der Interviews unter der Perspektive der biblischen Motive hat ergeben, dass sich durchaus Anknüpfungspunkte im Leben und Erleben der Flüchtlinge hier in Deutschland finden lassen.

Mithilfe der Motive lässt sich eine Kommunikation des Evangeliums für Flüchtlinge außerhalb von kirchlichen Begegnungen und Räumen gestalten. Die Arbeit und der Ansatz der Gemeindepädagogik gehen über den kirchlichen Raum hinaus und erstrecken sich auf die Lebenswelt der Menschen.

Zusammenfassend lässt sich für die Gruppe der Flüchtlinge sagen, dass mithilfe der vier Grundmotive Exodus, Gericht, Glaube und Hoffnung sich höchstwahrscheinlich die besten und effektivsten Chancen zur Kommunikation des Evangeliums für Flüchtlinge bieten. Diese Elemente finden sich mehrfach in allen Interviews und können somit Grundlage zur Kommunikation des Evangeliums werden.

Wie bereits angesprochen, sind die biblischen Erzählungen gefüllt mit vielen Fluchtgeschichten und die Flüchtlinge können sich mit ihrem eigenen (Er-)Leben in der Bibel wiederfinden.

Glossar ausländer- und asylrechtlicher Begriffe

Abschiebung

Die Abschiebung ist die von den Behörden erzwungene Ausreise von Menschen in ein anderes Land. Abschiebungen werden vorwiegend per Flugzeug durchgeführt. Teilweise finden Abschiebungen in Polizeibegleitung statt, manchmal werden dabei Zwangsmittel wie Fesselungen und ruhigstellende Medikamente verwendet. Die Abschiebung löst zunächst ein dauerhaftes Einreiseverbot aus, welches auf Antrag später befristet werden kann. Wer trotz des Einreiseverbots wieder einreist, eventuell viele Jahre später, macht sich strafbar.

Abschiebehindernis

• Zielstaatsbezogen

Zielstaatsbezogene Abschiebehindernisse liegen vor, wenn durch die Rückkehr in den Herkunftsstaat eine Menschenrechtsposition nach der Europäischen Menschenrechtskonvention, das Grundrecht auf Menschenwürde (Art. 1 Abs. 1 GG) oder das Recht auf Leben (Art. 2 Abs. 2 GG) verletzt würde. In Betracht kommen die Gefahr von Folter, Todesstrafe, grausame oder unmenschliche Behandlung, auch durch fehlende Möglichkeit der medizinischen Versorgungen, Bedrohungen für Leib und Leben durch kriegerische

Auseinandersetzungen oder durch öffentliche Stellen oder Privatpersonen.

- Inlandsbezogen

Inlandsbezogene Abschiebehindernisse sind tatsächliche oder rechtliche Gründe, die einer Abschiebung entgegenstehen und sich aus Umständen in Deutschland ergeben.

Tatsächliche Gründe sind insbesondere fehlende Reisedokumente, Verweigerung der Einreise durch den Staat, in den abgeschoben werden soll oder Transportunfähigkeit durch Krankheit oder Behinderung.

Rechtliche Abschiebehindernisse können sich durch bestehende Bindungen in Deutschland ergeben, insbesondere aus dem Recht auf Schutz von Ehe und Familie (Art. 6 GG, Art. 8 EMRK), aus dem Schutz des Kindeswohls (Art. 6 GG, UN-Kinderkonvention, Haager Minderjährigen-Schutzabkommen) oder aus dem Recht auf Privatleben (Art. 8 EMRK).

Aufenthaltserlaubnis

Die Aufenthaltserlaubnis gewährt ein befristetes und an einen Zweck gebundenes Recht zum Aufenthalt (rechtmäßiger Aufenthalt).

Ausländerbehörden

Dem Gesetz nach sind die örtlichen Ausländerbehörden zuständig für die Erteilung oder Versagung von Aufenthaltserlaubnissen gemäß den jeweiligen Aufenthaltszwecken des Aufenthaltsgesetzes (§§ 16,18,20,21,27ff. AufenthG), für die Entscheidung über die Erteilung von Niederlassungserlaubnissen (§9 AufenthG) sowie für die Entscheidung und ggf. Durchführung von Ausweisungen (§§ 53, 54,55 AufenthG) bzw. Abschiebungen (§58 AufenthG). Weiterhin stellen die Ausländerbehörden neben den jeweiligen Aufenthaltstiteln auch ggf. Passersatzpapiere aus. Sie entscheiden über die Ausstellung von Aufenthaltsgestattungen für Asylbewerber (§55 AsylVfG), Duldungen (§60a AufenthG) und Reiseausweise für Ausländer. Außerdem wird über das Vorliegen der gesetzlichen Voraussetzungen für einen Familiennachzug (§27ff. AufenthG) entschieden. Weiterhin sind Ausländerbehörden an Visaerteilungen beteiligt.

Daneben besteht eine Vielzahl von weiteren Aufgaben, wie u. a. die zeitliche Befristung von Aufenthaltstiteln, Ablehnung von Aufenthaltserlaubnissen, Verfügung von Ausreiseaufforderungen nach dem Aufenthaltsgesetz in den Fällen des Eintritts der Ausreisepflicht sowie die Klärung der Identität von AusländerInnen und ggf. auch die Beschaffung von Identitätspapieren.

Ausweisung

Die Ausweisung ist ein Verwaltungsakt, mit dem jemand, z.B. aufgrund von Straffälligkeit, zur Ausreise aus Deutschland verpflichtet wird. Mit der Ausweisung erlischt eine eventuell bestehende Aufenthaltsgenehmigung. Gegen einen Ausweisungsbescheid kann Klage erhoben werden. Erst wenn die Ausweisung rechtskräftig ist, muss der Betroffene ausreisen. Tut er dies nicht, droht die Abschiebung. Mit der Ausweisung entsteht auch ein Verbot der Wiedereinreise, das häufig für immer gilt.

Asylbegehren

Das Asylbegehren ist der schriftlich, mündlich oder auf sonstige Weise geäußerte Wille eines Ausländers, im Bundesgebiet Schutz vor politischer Verfolgung zu finden oder Schutz vor Abschiebung oder Rückführung in einen Staat, in dem ihm die in §60 Abs. 1 AufenthG bezeichneten Gefahren drohen. Dies ist in §13 AsylVfG geregelt.

Das Asylbegehren kann gestellt werden vor der:

- Grenzbehörde (§13 Abs. 3, §18, §18a AsylVfG)
- Ausländerbehörde (§19 AsylVfG)
- Polizei (§19 AsylVfG)
- Außenstelle des Bundesamtes für Migration und Flüchtlinge an der zuständigen Erstaufnahmeeinrichtung (§14 AsylVfG)

Asylantrag

Der Asylantrag ist bei der BAMF-Außenstelle, welcher der/die AusländerIn als zuständige Erstaufnahmeeinrichtung zugewiesen ist (§14 Abs. 1 AsylVfG) zu stellen. Beim BAMF hat der/die antragstellende AusländerIn persönlich zu erscheinen (§23 AsylVfG). Die Handlungsfähigkeit ist ab dem 16. Lebensjahr gegeben (§12 Abs. 1 AsylVfG). Besitzt der/die AsylbewerberIn bereits eine Aufenthaltserlaubnis, so ist der Antrag bei der BAMF-Zentrale in Nürnberg zu stellen (§14 Abs. 2 AsylVfG). Der Asylantrag erstreckt sich automatisch auch auf die eigenen Kinder unter 16 Jahren (§14a AsylVfG).

Asylbewerberleistungsgesetz

Im Asylbewerberleistungsgesetz wird unter anderem geregelt, dass Asylsuchende, Geduldete und teils auch Menschen mit Aufenthaltserlaubnis geringere Sozialleistungen erhalten als üblich. Statt Geld sollen sie Gutscheine, Lebensmittel- oder Hygienepakete bekommen. Die Leistungen können bis auf das „Zum Lebensunterhalt Unerlässliche" gekürzt werden. Am 18. Juli 2012 hat das Bundesverfassungsgericht das seit 1993 unverändert geltenden Asylbewerberleistungsgesetz für verfassungswidrig erklärt und seitdem gilt eine Übergangsregelung für die AsylbewerberInnen. Momentan (Anfang 2015) erhält eine alleinstehende bzw. alleinerziehende erwachsene Person 354€ pro Monat (zum Vergleich: 382€ Hartz-IV Regelsatz seit dem 1.1.2013). Der Gesetzgeber ist aufgefordert ein neues verfassungskonformes Gesetz zu entwerfen und zu verabschieden.

Asylverfahrensgesetz

Das Asylverfahrensgesetz regelt im Wesentlichen den Ablauf des Asylverfahrens sowie die Rechte und Pflichten der Asylsuchenden. Dazu zählt auch die Verteilung der Flüchtlinge auf die Bundesländer, ihre Unterbringung, die Asylantragsstellung, den Ablauf und die Regeln des Asylverfahrens.

Aufenthaltserlaubnis

Eine Aufenthaltserlaubnis wird von der zuständigen Ausländerbehörde erteilt. Dabei ist sie ein befristeter Aufenthaltstitel, der zu einem bestimmten gesetzlichen Zweck erteilt wird (§7 Abs. 1 Nr. 1 AufenthG). Die Erteilung der

Aufenthaltserlaubnis setzt in der Regel voraus, dass der/die AusländerIn mit dem erforderlichen Visum eingereist ist (§5 Abs. 2 Nr. 1 AufenthG).

Aufenthaltszwecke sind:

- Studium, Sprachkurs, Schulbesuch (§16 AufenthG)
- Unselbstständige Erwerbstätigkeit (§18 AufenthG)
- Forschung (§20 AufenthG)
- Selbstständige Erwerbstätigkeit (§21 AufenthG)
- Familiennachzug (§§27 ff AufenthG)

Aufenthaltsgestattung

Die Aufenthaltsgestattung dokumentiert den erlaubten Aufenthalt zur Durchführung eines Asylverfahrens oder eines Verfahrens zur Anerkennung der Flüchtlingseigenschaft nach der Genfer Flüchtlingskonvention. Sie erlischt ohne einen Rücknahme- oder Widerrufsbescheid, sobald das Asylverfahren bestandskräftig beendet ist.

Aufenthaltstitel

Der Aufenthaltstitel ist ein Bündel von Rechten und Pflichten. Weiterhin belegt er den rechtmäßigen Aufenthalt des Ausländers in Deutschland. Das deutsche Recht kennt insgesamt 4 Aufenthaltstitel, welche vergeben werden können:

- Visum
- Aufenthaltserlaubnis
- Niederlassungserlaubnis
- Erlaubnis zum Daueraufenthalt-EG

Aufenthaltsstatus

Der Aufenthaltsstatus stellt die Berechtigung eines/r AusländerIn dar, sich rechtmäßig im Inland aufzuhalten. Begründet wird er durch den gesetzlich geregelten Erwerb eines Aufenthaltstitels. Für einen Aufenthaltsstatus (rechtmäßiger Aufenthalt) ist ein Aufenthaltstitel erforderlich.

Bundesamt für Migration und Flüchtlinge (BAMF)

Das Bundesamt für Migration und Flüchtlinge ist die staatliche Asylbehörde und ist unter anderem zuständig für die Durchführung von Asylverfahren. Die Anerkennungspraxis des Amtes ist sehr restriktiv. Seit Inkrafttreten des Zuwanderungsgesetzes (2005) hat sich der Aufgabenbereich des Amtes auf Migrations- und Integrationsfragen ausgeweitet.

Drittstaatsangehörige

Als Drittstaatsangehörige werden alle Personen bezeichnet, die weder über eine deutsche noch eine Staatsangehörigkeit eines EU-Staats oder der Schweiz verfügen. Teilweise werden auch Bürger der EWR[30]-Staaten nicht unter Drittstaatsangehörige gerechnet.

Dublin-II Verordnung bzw. Dublin-III Verordnung

Die Dublin-II Verordnung (VO EG Nr. 343/2003) regelt die Zuständigkeit der Mitgliedsstaaten in Bezug auf den Asylantrag. Hierbei muss die BRD prüfen, ob sie für diesen Antrag zuständig ist:

---

[30] Europäischer Wirtschaftsraum

Prinzipiell gilt, dass der Mitgliedsstaat zuständig ist, dessen Grenzen der Asylbewerber aus einem Drittland kommend illegal überschritten hat. Es gibt jedoch eine ganze Reihe von Ausnahmen und rechtlichen Zusatzregelungen hierzu.

Duldung

Mit der Duldung wird die Aussetzung der Abschiebung bescheinigt (kein rechtmäßiger Aufenthalt). Die Ausreisepflicht bleibt bestehen. Sie berechtigt nach einem Verlassen des Bundesgebietes nicht zur Wiedereinreise.

Erlaubnis zum Daueraufenthalt-EG

Die Erlaubnis zum Daueraufenthalt-EG ist ein unbefristeter Titel, der der Niederlassungserlaubnis gleichgestellt ist (§9a AufenthG). Wer einen solchen Aufenthaltstitel besitzt, kann sich unter erleichterten Umständen in allen EU-Ländern (außer Großbritannien, Irland und Dänemark) niederlassen.

Erstaufnahmeeinrichtung

AusländerInnen, welche einen Asylantrag bei einer Außenstelle des Bundesamtes für Migration und Flüchtlinge, müssen sich in die nächstgelegene Erstaufnahmeeinrichtung begeben. Auch unerlaubt eingereiste AusländerInnen können verpflichtet werden, sich in eine Erstaufnahmeeinrichtung zu begeben. Die Zeit in der Erstaufnahmeeinrichtung ist auf maximal drei Monate beschränkt. Anschließend erfolgt eine Verteilung auf die Kommunen.

EU-Schengenabkommen

Der Begriff geht auf das Übereinkommen vom 14. Juni 1985 von ursprünglich sechs EG-Staaten zurück, die eine gemeinsame Visumspolitik einführen wollten. Das Übereinkommen wurde in der Luxemburgischen Stadt Schengen geschlossen. Es beinhaltet:

- Einheitlicher Sichtvermerk aller Vertragsstaaten
- Geltung in anderen Vertragsstaaten
- Aufenthalt von drei Monaten
- Freizügigkeit im Schengen-Raum
- Jedoch keine Arbeitserlaubnis
- Schengener Informationssystem – Ausschreibung zur Einreiseverweigerung

Europäische Menschenrechtskonvention (EMRK)

Die Konvention zum Schutze der Menschenrechte und Grundfreiheiten wurde im Rahmen des Europarates ausgearbeitet, am 4. November 1950 in Rom unterzeichnet und trat am 3. September 1953 allgemein in Kraft. Alle Mitgliedsstaaten des Europarates haben die Konvention unterzeichnet und auch in nationales Recht transformiert.

Alle Mitgliedsstaaten der EU sind zugleich auch Mitglied im Europarat. Mitglieder sind auch die EWR-Staaten (Europäischer Wirtschaftsraum), die Türkei, die Nachfolgestaaten Jugoslawiens, sowie Russland und weitere GUS-Staaten (Gemeinschaft unabhängiger Staaten).

In Artikel 2-14 enthält die EMRK die wichtigsten Freiheits-rechte:

- Recht auf Leben
- Verbot der Folter
- Recht auf Freiheit und Sicherheit
- Recht auf ein faires Verfahren
- Keine Strafe ohne Gesetz
- Recht auf Achtung des Privat- und Familienlebens
- Gedanken-, Gewissens- und Religionsfreiheit
- Meinungsäußerungsfreiheit
- Versammlungs- und Vereinigungsfreiheit
- Recht auf Eheschließung
- Recht auf wirksame Beschwerde
- Diskriminierungsverbot

Damit sind die Vertragsstaaten zugleich verpflichtet, diese Rechte allen ihrer Hoheitsgewalt unterstehenden Personen zu garantierten. Ergänzt wird die EMRK von insgesamt 14 Zusatzprotokollen, welche teils materiell-rechtliche Bestimmungen und teils verfahrensrechtliche Regelungen en halten.

Die Einhaltung der EMRK wird im Rahmen eines Individual- bzw. Staatenbeschwerdeverfahrens durch den Europäischen Gerichtshof für Menschenrechte (EGMR) gewährleistet. In Deutschland sind alle Gerichte, im Ausländerrecht also die Verwaltungsgerichte, verpflichtet, alle Regelungen des deutschen Rechts so auszulegen, dass die in der EMRK verbürgten Grundrechte gewahrt bleiben.

Europäisches Fürsorgeabkommen

Das Europäische Fürsorgeabkommen wurde am 11. Dezember 1953 vom Europarat verabschiedet und trat für die Bundesrepublik Deutschland am 01. September 1956 in Kraft. Die Mitgliedsstaaten verpflichteten sich in diesem Abkommen, den Bürgern der anderen Vertragsstaaten, die sich rechtmäßig auf ihrem Gebiet aufhalten, Fürsorgeleistungen in gleicher Weise und in gleichem Umfang zu gewähren wie eigenen Bürgern.

Damit können Angehörige der Vertragsstaaten unmittelbar individuelle Rechte ableiten. Auch darf der Bezug von Fürsorgeleistungen nach einem rechtmäßigen Aufenthalt von mindestens fünf Jahren nicht mehr als Ausweisungsgrund herangezogen werden.

Dem Abkommen sind bislang alle Staaten der Europäischen Union bis auf Bulgarien, Finnland, Lettland, Litauen, Österreich, Polen, Rumänien, Slowakei, Slowenien, Tschechische Republik, Ungarn und Zypern beigetreten. Von den europäischen Staaten außerhalb der EU sind bisher nur die Türkei, Island und Norwegen beigetreten.

Im Dezember 2011 hat die deutsche Bundesregierung einen Vorbehalt gegen das Abkommen erklärt. Daher findet es momentan keine Anwendung mehr. Ob dies europarechtlich zulässig ist, bleibt noch zu prüfen.

Familienzusammenführung

Die Familienzusammenführung ist in den §§ 27 ff AufenthG geregelt. Diesbezüglich existieren folgende Varianten:

- Ehegattennachzug zu einem Deutschen §28 AufenthG
- Familiennachzug zu Ausländern §29 AufenthG
- Ehegattennachzug zu einem Ausländer §30 AufenthG
- Kindernachzug zu einem Deutschen §32 AufenthG
- Elternnachzug zu ihrem Kind §36 AufenthG

Fiktionsbescheinigung

Mit der Fiktionsbescheinigung wird dokumentiert, dass ein Antrag auf Erteilung oder auf Verlängerung eines Aufenthaltstitels (Aufenthaltserlaubnis, Niederlassungserlaubnis) gestellt wurde und dass der Aufenthalt bis zur Entscheidung über den Antrag als erlaubt gilt (rechtmäßiger Aufenthalt). Bei einem Antrag auf Verlängerung gilt der bisherige Aufenthaltstitel als fortbestehend (§81 AufenthG)

Flüchtlingsstatus

Ein Flüchtling im engeren Sinne ist jemand, der als GFK-Flüchtling anerkannt wurde.

Freizügigkeitsbescheinigung (EU)

Die Freizügigkeitsbescheinigung wird Staatsangehörigen der EU-Staaten und der EWR-Staaten (Europäischer Wirtschaftsraum) zur Dokumentation ihres Rechts auf Freizügigkeit ausgestellt.

Genfer Flüchtlingskonvention (GFK)

Die Genfer Flüchtlingskonvention (GFK) ist die wichtigste völkerrechtliche Vereinbarung darüber, wer als Flüchtling anerkannt wird und damit international Schutz genießt. Sie stammt aus dem Jahr 1951 und weltweit haben über 140 Staaten, auch Deutschland, sie unterzeichnet. Im deutschen Ausländerrecht ist festgelegt, dass niemand abgeschoben werden darf, der die Flüchtlingsdefinition der GFK erfüllt (z.B. §60 Abs. 1-7).

Die Konvention legt fest, wer ein Flüchtling ist und welchen rechtlichen Schutz, welche Hilfe und welche sozialen Rechte er von den Unterzeichnerstaaten erhalten sollte. Aber sie schließt auch bestimmte Gruppen, z.B. Kriegsverbrecher, aus.

Im deutschen Ausländerrecht findet sich die GFK u.a. im §60 Absatz 1 AufenthG. GFK-Flüchtlinge erhalten wie Asylberechtigte soziale Rechte und eine Aufenthaltserlaubnis für drei Jahre. Danach wird die Asylanerkennung durch das Bundesamt für Migration und Flüchtlinge noch einmal überprüft. Wenn kein Widerruf eingeleitet wird, erhalten die GFK-Flüchtlinge eine Niederlassungserlaubnis.

Illegalität

Menschen in der aufenthaltsrechtlichen Illegalität sind Menschen ohne Papiere. Sie haben womöglich ihr Aufenthaltsrecht verloren oder leben versteckt in Deutschland und geben sich den Behörden nicht zu erkennen. Sie leben unter schwierigsten sozialen Bedingungen.

MediNetz

Das MediNetz fungiert als Anlaufstelle und Telefonberatung für Menschen ohne Papiere, die medizinische Hilfe benötigen. Dabei leistet das MediNetz selber keine medizinische Hilfe. Die Mitarbeitenden verstehen sich als Vermittelnde, sie erfragen die Beschwerden der Ratsuchenden und überweisen sie an geeignete ÄrztInnen, Hebammen, KrankengymnastInnen, HeilpraktikerInnen und andere medizinische Einrichtungen. Zu diesem Zweck gibt es ein Netz aus ÄrztInnen u.a. medizinischen Fachberufen, welche sich zur Behandlung, von Menschen in der aufenthaltsrechtlichen Illegalität, bereit erklären. MediNetz ist in ganz Deutschland vertreten.

Nachfluchtgründe

- *Subjektive Nachfluchtgründe:*
Ereignisse, die der Ausländer während seines Aufenthalts im Ausland selbst geschaffen hat (z.B. Religionswechsel, exilpolitische Aktivität) und durch die er sich erstmals der Verfolgung im Herkunftsland aussetzt.

- *Objektive Nachfluchtgründe:*
Ereignisse, die im Herkunftsstaat des Ausländers eingetreten sind, nachdem er diesen Staat verlassen hat (z.B. politischer Umsturz, neue Gesetze, Auftreten neuer Verfolgungsakteure).

Nationales Visum

Ein Visum zum Zwecke der Einreise und eines Aufenthalts von mehr als drei Monaten muss immer als nationales Visum ausgestellt werden. Es berechtigt nur zum Aufenthalt in dem ausstellenden Staat. In der Regel wird die zuständige Ausländerbehörde vor Erteilung des Visums um ihre Zustimmung gebeten.

Niederlassungserlaubnis

Die Niederlassungserlaubnis gewährt ein unbefristetes und zweckunabhängiges Recht zum Aufenthalt (rechtmäßiger Aufenthalt). Dabei impliziert sie die Arbeitserlaubnis.

Pass

Gemäß §3 Abs. 1 AufenthG dürfen AusländerInnen nur in das Bundesgebiet einreisen oder sich dort aufhalten, sofern sie einen anerkannten und gültigen Pass oder Passersatz besitzen. In begründeten Einzelfällen kann das Bundesministerium des Innern (oder eine von ihm bestimmte Stelle) für den Grenzübertritt des Ausländers und einen anschließenden Aufenthalt Ausnahmen von der Passpflicht für bis zu sechs Monate zulassen (§3 Abs. 2 AufenthG).

Ebenso ist für die Erteilung eines Aufenthaltstitels (§5 AufenthG) ein Pass gemäß §3 AufenthG für jede/n AusländerIn verpflichtend.

Ein/e AusländerIn, der/die vorsätzlich gegen die Ausweispflicht verstößt und auch keinen Ausweisersatz besitzt, macht sich nach §95 Abs.1 Nr. 1 AufenthG strafbar. Dieser fahrlässige Verstoß wird mit einem Bußgeld als

Ordnungswidrigkeit bestraft (gemäß §98 Abs. 1, 2 AufenthG).

Posttraumatische Belastungsstörung (ICD-10: F43.1)

Ein Trauma wird ausgelöst durch eine extreme Form von Stress, auch traumatischer Stress genannt. Die Psychologie definiert ein Trauma als eine Überforderung für die menschliche Psyche. In dieser Situation helfen keine bisherigen Erfahrungen weiter und es stehen keine Bewältigungsmechanismen zur Verfügung. Die Seele und der Körper versuchen, ein extremes Erlebnis zu verarbeiten. Auslöser sind Ereignisse außerhalb der üblichen Erfahrungswelt: z.B. Miterleben von Gewalttaten an anderen Menschen, Anblick grausam verstümmelter Körper, Gewalt gegen einen selbst (auch sexuelle Gewalt, häufig bei Frauen). Dabei spürt der Mensch, welcher das Trauma erleidet, intensive Angst, drohende Vernichtung, Hilflosigkeit und Entsetzen. Während dieser traumatischen Bedrohung funktioniert meistens nur die Speicherung der Sinneseindrücke im impliziten Gedächtnis, die Abspeicherung im expliziten Gedächtnis wird dagegen offenbar zum Teil unterdrückt. Die Folge ist, dass die Personen das Ereignis zeitlich nicht einordnen und damit nicht der Vergangenheit zuordnen können. Deshalb fällt es traumatisierten Menschen oft schwer, das Ereignis in seiner chronologischen Abfolge zu berichten.

Die psychischen Folgen traumatischer Erfahrungen sind individuell verschieden. Dennoch weisen Menschen, die unterschiedlichste traumatisierende Ereignisse erlebt ha-

ben, eine große Anzahl gemeinsamer Symptome auf: Viele
Überlebende von Naturkatastrophen, Opfer krimineller
Gewalttaten und politisch Inhaftierte leiden an einem
Symptommuster, welches geprägt ist von Schlaflosigkeit
und Alpträumen, von sozialem Rückzug und depressiver
Interesselosigkeit, von extremer Reizbarkeit und übermä-
ßiger Schreckhaftigkeit. Man unterteilt die zahlreichen
Symptome der Posttraumatischen Belastungsstörung in
drei Hauptkategorien: Erinnerungssymptome („Intrusio-
nen"), Vermeidungssymptome und Übererregungssymp-
tome. (vgl. Berufsverband Deutscher Psychologinnen und
Psychologen / Christoph-Dornier-Stiftung für Klinische
Psychologie 1997, S.2)

Eine psychologische Behandlung hat durchaus gute Chancen auf Erfolg.

Qualifikationsrichtlinie (QRL)

Die sogenannte „Qualifikationsrichtlinie" ist die „Richtlinie
2011/95/EU des Europäischen Parlaments und des Rates
(neueste Fassung vom 13. Dezember 2011) über Normen
für die Anerkennung von Drittstaatsangehörigen oder
Staatenlosen als Personen mit Anspruch auf internationalen Schutz, für einen einheitlichen Status für Flüchtlinge
oder für Personen mit Anrecht auf subsidiären Schutz und
für den Inhalt des zu gewährenden Schutzes. So steht es im
Amtsblatt der Europäischen Union.

Gegenstand der Richtlinie ist die Festlegung von Mindestnormen für die Anerkennung von Drittstaatsangehörigen
oder Staatenlosen als Flüchtlinge oder als Personen, die

internationalen Schutz benötigen; ferner bestimmt die Richtlinie Mindestnormen für den Inhalt des Schutzes. Die Richtlinie nimmt damit eine zentrale Stellung im entstehenden europäischen Flüchtlingsrecht ein. Sie bestimmt die materiellen Voraussetzungen für den Schutz eines Flüchtlings und dessen Rechtsstatus. Die Richtlinie hat damit im Grunde einen ähnlichen Stellenwert wie die Genfer Flüchtlingskonvention. (vgl. Hollmann 2005, S.4)

Schengenvisum

Ein Visum zum Zweck der Einreise und des Aufenthalts für einen Zeitraum bis zu drei Monaten wird immer als Schengenvisum ausgestellt, sofern kein längerfristiger Aufenthalt beabsichtigt ist. Das Visum berechtigt zum vorübergehenden Aufenthalt in allen EU-Staaten, ausgenommen das Vereinigte Königreich und Irland. Die Einzelheiten regeln das Schengener Durchführungsübereinkommen und die EU-Visumsverordnung.

Sichere Drittstaatenregelung

Nach Art. 16a GG können kraft Gesetzes, Staaten bestimmt werden, bei denen auf Grund der Rechtslage, der Rechtsanwendung und der allgemeinen politischen Verhältnisse gewährleistet erscheint, dass dort weder politische Verfolgung noch unmenschliche oder erniedrigende Bestrafung oder Behandlung stattfindet. Der deutsche Gesetzgeber bestimmt in diesem Zusammenhang alle Mitgliedstaaten der Europäischen Union (auch Schweiz und Norwegen) sowie die in der Anlage II zum AsylVfG bezeichneten Staaten (Ghana und Senegal) als sichere Herkunftsstaaten.

AusländerInnen mit der entsprechenden Staatsangehörigkeit oder (als Staatenlose) dem gewöhnlichen Aufenthalt in einem sicheren Herkunftsland tragen die volle Darlegungs- und Beweislast dafür, dort verfolgt worden zu sein. Gelingt der Beweis nicht wird der Asylantrag als „offensichtlich unbegründet" abgelehnt (§29a AsylVfG).

Subsidiärer Schutz

Zum Teil beruhen die Regelungen zum subsidiären Schutz auf rechtlichen Vorgaben der EU. Die Rechtsgrundlagen ergeben sich aus §60 Abs. 2, 3 und 7 S.2 AufenthG. Zum anderen beruhen sie auf Verpflichtungen aus der EMRK (§60 Abs. 5 AufenthG). Zusätzlich gibt es noch den subsidiären Schutz, welcher ausschließlich auf nationalem Recht basiert (§60 Abs. 7 S.1).

Ein Flüchtling kann in Deutschland Schutz nach der GFK oder nach Art. 16a GG erhalten, wenn er wegen eines Verfolgungsgrundes (Asylmerkmal) mit einer schwerwiegenden Verletzung seiner grundlegenden Menschenrechte bedroht wird. Dabei gibt es jedoch auch Gefahren für elementare Menschenrechte und ein menschenwürdiges Leben, die in keinem Zusammenhang mit solchen Verfolgungsgründen oder Asylmerkmalen stehen und doch Anlass dafür sein können, dass Menschen sich genötigt sehen ihre Heimat zu verlassen und anderswo Schutz zu suchen. Einige dieser Gefahrenlagen werden über den subsidiären Schutz abgedeckt und aufgefangen.

Verfolgung

Was unter Verfolgung zu verstehen ist, ergibt sich aus §60 Abs. 1 S.5 AufenthG i.V.m. Art. 9 QRL. Dabei enthält Art. 9 Abs. 1 QRL eine abstrakte Definition der Verfolgungshandlung und Art. 9 Abs. 2 QRL eine Erläuterung durch wichtige Beispiele.

Nach Abs. 1 sind Verfolgungshandlungen:

- Schwerwiegende Verletzungen der grundlegenden Menschenrechte, insbesondere solcher, die nach Art. 15 Abs. 2 EMRK notstandsfest sind (Art. 2 EMRK: Leben; Art. 3 EMRK: Folter, erniedrigende und unmenschliche Behandlung; Art. 4 Abs. 1 EMRK: Sklaverei und Leibeigenschaft; Art. 7 EMRK: Strafe ohne Gesetz)

- Die Kumulierung geringfügiger Eingriffe mit ähnlichem Ergebnis (sog. Nadelstiche)

Art. 9 Abs. 2 QRL nennt folgende Beispiele:

- Physische und psychische Gewalt (einschließlich sexueller Gewalt)

- Diskriminierende gesetzliche, administrative oder polizeiliche/justizielle Maßnahmen

- unverhältnismäßige Strafen

- Verweigerung gerichtlichen Rechtsschutzes

- Strafverfolgung wegen Verweigerung des Militärdienstes in einem völkerrechtswidrigen Konflikt

Es gilt der Grundsatz, dass nur verfolgt ist, wer persönlich Ziel der Verfolgungsmaßnahme war bzw. im Falle der Rückkehr sein wird. Dabei muss es sich um eine Maßnahme handeln, die dem Betroffenen gezielt Rechtsverletzungen zufügen soll. Daran fehlt es jedoch bei Nachteilen, die eine Person aufgrund der allgemeinen Zustände in seinem Heimatland zu erleiden hat wie im Fall einer Hungersnot, Naturkatastrophen, aber auch bei den allgemeinen Auswirkungen, von „Kollateralschäden", Unruhen, Revolutionen und Kriegen. (siehe hierzu folgende Urteile: BVerfG 10.07.1989 – 2 BvR 502/86 u.a. -, BVerfGE 80, 315 [335])

Visum

Ein Visum wird durch eine Auslandsvertretung der Bundesrepublik im Heimatland des Ausländers ausgestellt. Im Aufenthaltsgesetz ist das Visum durch §6 geregelt.

Zuwanderungsgesetz

Das Zuwanderungsgesetz ist seit dem 1.1.2005 in Kraft. Es ist ein Gesetzespaket, welches Paragraphen in mehreren Gesetzen änderte, z.B. Asylverfahrensgesetz. Weiterhin enthält es das Aufenthaltsgesetz. Ebenso löst das Zuwanderungsgesetz das alte Ausländergesetz ab.

Quellenangabe zum Glossar:

Berufsverband Deutscher Psychologinnen und Psychologen e.V. / Christoph-Dornier-Stiftung für Klinische Psychologie (1997[2]): Posttraumatische Belastungsstörung. Die Folgen extrem belastender Ereignisse. Bonn: Satz & Druck Kammel.

Evangelischer Entwicklungsdienst (2006[2]): Wenn die Welt zerbricht. Mit traumatischen Erlebnissen umgehen. Bonn: in puncto druck.

Frings, D./ Tießler-Marenda, E. (2009): Ausländerrecht für Studium und Beratung. Einschließlich Staatsangehörigkeitsrecht. Frankfurt (Main): Fachhochschulverlag.

Hollmann, E. (2005): Die Qualifikationsrichtlinie. Voraussetzungen des Flüchtlingsschutzes nach dem europäischen Recht. Frankfurt (Main).

PRO ASYL (2006): Leben im Niemandsland. Flucht und Asyl – Fragen und Antworten. Frankfurt (Main).

www.recht.unigiessen.de/wps/fb01/dl/showfile/RLC/17 832/Skript_zur_Vorlesung_2012.pdf

Übersicht zu relevanten Gesetzen/Verordnungen /Urteilen

Relevante Gesetze:

- Artikel 16a des Grundgesetzes (GG)
- Asylbewerberleistungsgesetz (AsylblG)
- Asylverfahrensgesetz (AsylVfG)
- Aufenthaltsgesetz (AufenthG)
- Europäische Menschenrechtskonvention (EMRK)
- Freizügigkeitsgesetz EU
- Genfer Flüchtlingskonvention (GFK)
- Qualifikationsrichtlinie vom Rat der Europäischen Union (QRL)

- Protokolle zur Europäischen Menschenrechtskonvention

Gesetze/Verordnungen/Urteile im Internet:

http://www.migrationsrecht.net

http://lexetius.com (verlinkte Rechtsprechung Europäischer Gerichtshof u.a.)

http://curia.europa.eu/de/content/juris/index.htm
(Rechtsprechung Europäischer Gerichtshof)

http://www.thueringen.de/de/ab/info/recht

http://www.gesetze-im-internet.de

http://bundesrecht.juris.de/index.html

http://www.fluechtlingsrat-berlin.de/gesetzgebung

http://www.westphal-stoppa.de/Faelle.htm (Fälle mit Lösungen)

http://www.harald-thome.de/sgb-ii-hinweise.html (Verwaltungshinweise der Bundesagentur für Arbeit zum SGB II)

Informationen zum Migrationsrecht im Internet

http://www.asyl.net

Links und Adressen, auch für Rückkehr- und Weiterwanderungsberatung, Integrationsbeauftragte des Bundes und der Länder, Psychosoziale Zentren, Rechtberatung für ausländische Flüchtlinge.

http://www.bamf.de Bundesamt für Migration und Flüchtlinge (BAMF)

> Standorte der Migrationserstberatung und der Jugendmigrationsdienste, Integrationsprojekte, Regionalstellen des BAMF als Ansprechpartner für lokale Integrationsprojekte, Informationen für Träger der Integrationskurse, Außenstellen des BAMF als Anlaufstellen für Asylsuchende, Länderinformationen

http://www.bmi.bund.de

> Das Bundesinnenministerium des Innern bietet einen auch Themenschwerpunkt „Migration und Integration"

http://www.bundesregierung.de -> Integrationsbeauftragte

> Informationen zum nationalen Integrationsplan, 8. Bericht über die Lage der Ausländer und Ausländerinnen in Deutschland, aktuelle Informationen

http://www.destatis.de

> Statistisches Bundesamt mit aktuellen Zahlen zur Bevölkerung in Deutschland (u.a. MigrantInnen und AusländerInnen)

http://www.fluechtlingsrat-berlin.de

> Eine umfangreiche Sammlung von Rechtsinformationen für MigrantInnen und Flüchtlingen und stets aktuell. Sie wird von Georg Classen betreut.

http://www.migrationsrecht.de

Informationen, insbesondere für RechtsanwältInnen, aber auch Hinweise auf spezialisierte Anwaltskanzleien

http://www.proasyl.de

Umfangreiche Informationen, Listen der Beratungsstellen

www.ra-vonauer.de/

Umfangreiches juristisches Material zu Asylverfahren, Asylrecht, Flüchtlingsrecht, Unionsrecht, Freizügigkeitsrecht, Staatsangehörigkeitsrecht und Ausländerrecht

http://www.tacheles.de

Umfangreiche, aktuelle Informationen zum SGB II

http://www.unhcr.de

Flüchtlingskommissar der Vereinten Nationen, Informationen zum Internationalen Flüchtlingsrecht und zur Flüchtlingshilfe weltweit

http://www.verband-binationaler.de

Insbesondere Beratung zum Familienrecht, Familienzusammenführung und Aufenthaltsrecht

Bei allen Bundesministerien/-ämtern, der Bundesregierung selbst sowie auf der Internethomepage der Integrationsbeauftragten der Bundesregierung besteht die Möglichkeit, aktuelle Publikationen zu diversen Themen kostenlos zu bestellen.

Literaturverzeichnis

Arendt, Hannah (1981): Es gibt nur ein einziges Menschenrecht. In: Ottfried Höffe u.a. (Hrsg.) (1981): Praktische Philosophie / Ethik 2. Frankfurt am Main.

Baumgartner, Isidor (2005): Christlicher Glaube als Qualität in der Sozialen Arbeit. Nürnberg.

Bundesamt für Migration und Flüchtlinge (2014): Aktuelle Zahlen zu Asyl. Ausgabe Dezember 2014. Nürnberg.

Bundesamt für Migration und Flüchtlinge (2019): Das Bundesamt in Zahlen 2018. Asyl. Nürnberg.

Diakonisches Werk der evangelischen Kirche in Deutschland e.V. (1996): Aufnahme und Schutz von bedrohten Menschen – den Flüchtlingen eine Chance. Rahmenkonzeption zur Flüchtlingsarbeit des Diakonischen Werkes der Evangelischen Kirche in Deutschland zur Flüchtlingsarbeit. Stuttgart.

Ebert, Thomas (2010): Soziale Gerechtigkeit – Geschichte – Kontroversen. Leck: CPI books GmbH.

Fahrenberg, Jochen (2007): Menschenbilder Psychologische, biologische, interkulturelle und religiöse Ansichten. Freiburg.

Frings, D./ Tießler-Marenda, E. (2009): Ausländerrecht für Studium und Beratung. Einschließlich Staatsangehörigkeitsrecht. Frankfurt (Main): Fachhochschulverlag.

Gennerich, Carsten (2009): Empirische Dogmatik des Jugendalters. Werte und Einstellungen Heranwachsender als Bezugsgrößen für religionspädagogische Reflexionen. Stuttgart: Kohlhammer.

Jellinek, Georg (1959[3]): Allgemeine Staatenlehre. Wissenschaftliche Buchgesellschaft: Darmstadt.

Marx, Reinhard (1984): Eine menschenrechtliche Begründung des Asylrechts. Rechtstheoretische und –dogmatische Untersuchungen zum Politikbegriff im Asylrecht. Baden-Baden: Nomos.

Stephens, Johannes (2013): Flucht ist kein Verbrechen: Situation von Asylbewerbern in Deutschland. München: AVM Akademische Verlagsgemeinschaft München.

Theißen, Gerd (2003): Zur Bibel motivieren. Aufgaben, Inhalte und Methoden einer offenen Bibeldidaktik. Gütersloh: Chr. Kaiser/Gütersloher Verlagshaus.

Zimmermanns, Thomas (1993): Christliches und humanistisches Menschenbild. Ein Vergleich. Bonn: Verlag für Kultur und Wissenschaft.

Internetquellen

http://de.scribd.com/doc/11343122/4/Menschenbild-im-Islam-und-im-Christentum

http://frontex.europa.eu/

https://www.mut-gegen-rechte-gewalt.de/news/meldung/rechte-hetze-gegen-fluechtlinge-eine-chronik-der-gewalt-2014-03

http://www.unhcr.de/fileadmin/user_upload/dokumente/06_service/zahlen_und_statistik/GlobalTrends_2012_01.pdf

https://www.uno-fluechtlingshilfe.de/informieren/fluechtlingszahlen/

Leitfaden für die Interviews mit Flüchtlingen

Für die Befragung habe ich einen kurzen Fragebogen erstellt, welcher im Sinne eine Interviewleitfaden dabei geholfen hat, die Interviews zu strukturieren und vergleichbar zu machen. Zur Vereinfachung des Forschungsvorhabens habe ich eine einfach Transkription verwendet, welche sich auf das tatsächlich gesprochene Wort fokussiert. Die Interviews fanden im Jahr 2013 statt.

Folgende Fragen wurden verwendet:

Wie und wann sind Sie nach Deutschland gekommen?

Wie haben Sie es geschafft hier anzukommen und hier eine neue Heimat zu finden?

Was hat Ihnen dabei geholfen?

Wie und wodurch konnten Sie Geborgenheit und Sicherheit hier in Deutschland finden?

Wie und wodurch konnten Sie die Vergangenheit hinter sich zu lassen?

Gab es Erfahrungen des Zuspruchs als Hilfe bei Ihrem Neuanfang?

Inwiefern spielt der Glaube für Sie eine Rolle?

Was wünschen Sie sich für die Zukunft?

Transkriptionen der Interviews

Transkribiertes Interview mit Fr. N. aus dem Iran

Johannes:	Ich würde sagen wir starten einfach. Vielleicht sagst du am Anfang kurz was zu dir, wie heißt, wo du eigentlich herkommst und wie du nach Deutschland gekommen bist.
Fr. N.:	Ja, ich bin N., dann ähm seit 1,5 Jahre bin ich da gekommen. Dann ähm hab ich meine Hauptschulabschluss mit Qualifikation geschafft. Dann …
Johannes:	Aus welchem Land kommst du eigentlich?
Fr. N.:	Ich komme aus dem Iran. Dann ähm erstmal fragen …
Johannes:	Du hast hier in Deutschland das Asylverfahren durchlaufen und wurdest anerkannt als Flüchtling
Fr. N.:	Ja.
Johannes:	Und ähm was hat dir dabei geholfen hier in Deutschland eine neue Heimat zu finden?
Fr. N.:	Also wie soll ich sagen, das ist bisschen schwer. Ich kann nicht also das beantworten.
Johannes:	Ok. Fühlst du dich hier in Deutschland Zuhause?

Fr. N.:	Also ich fühle mich wohl. Ist gut. Das gefällt mir.
Johannes:	Ok. Und ähm was hat dir dabei geholfen, dass du dich hier zuhause fühlst?
Fr. N.:	Also wie meinst wen?
Johannes:	So Freunde, Familie hier in Deutschland oder Umfeld?
Fr. N.:	Ja Verwandte.
Johannes:	Verwandte?
Fr. N.:	Äh hab ich aber äh mein Tante, ja zwei Tante hab ich. Dann ja aber die wohnen nicht in Gießen. Die wohnen in Deutschland, Potsdam.
Johannes:	Und zu denen hast du noch Kontakt?
Fr. N.:	Manchmal. Also ich war in Köln, wenn ich gerade angekommen. Bei mein Tante.
Johannes:	Schön. Und ähm hast du das Gefühl, dass du hier sicher bist in Deutschland?
Fr. N.:	Ja natürlich.
Johannes:	Dass du dich geborgen fühlst?
Fr. N.:	Ja … ja.
Johannes:	Und ähm konntest du das Negative und das Schlechte was passiert ist hinter dir lassen oder musst du noch oft dran denken?
Fr. N.:	Hmm…
Johannes:	Also was damals im Iran passiert ist, als du geflohen bist.

Fr. N.:	Achso ähm ja wegen also mein Mutter, mein Mutter hat über Religion, also gesprochen, immer. Dann in Iran dürfen wir nicht also wegen Christ ist oder katholisch, andere also Religion reden. Dann aber wir haben gesagt wir haben nur einen Gott. Dann ähm aber also die Leute von Iran sagen nein wir haben keinen ein Gott. Wir haben ein Gott aber die glauben, die europäische glauben unsere Gott nicht. Ja ähm deswegen Probleme gehabt.
Johannes:	Deswegen musstest du fliehen nach Deutschland?
Fr. N.:	Ja.
Johannes:	Bist du direkt nach Deutschland gekommen aus dem Iran?
Fr. N.:	Nein, also soll ich sagen?
Johannes:	Ja kannst du sagen.
Fr. N.:	Ja ich bin nach Türkei geflogen, von Iran nach Türkei. Dann ähm von Türkei nach also Griechenland, nein nicht nach Griechenland. Nach Frankreich, dann Belgien mit dem Zug nach Deutschland gekommen. Ja …
Johannes:	Wie lange warst du da unterwegs?

Fr. N.:	Ähh … glaub ich ein Monat. Ja ich habs also in Türkei ein bisschen mehr geblieben.
Johannes:	Hmm … ok. Da hast du eine ganz schöne Reise hinter dir.
Fr. N.:	Ja.
Johannes:	Ok und spielt der Glaube für dich eine Rolle? Glaube an Gott?
Fr. N.:	Ja. Also ich glaube an einen Gott.
Johannes:	Ist das wichtig für dich dein Glaube?
Fr. N.:	Jetzt nicht mehr.
Johannes:	Ok.
Fr. N.:	Doch das ist wichtig aber ähm wie soll ich sagen. Das ist wichtig aber ich denke das nicht weil ich hab so viel zu tun gehabt. Da bekomme ich immer zu tun in Deutschland.
Johannes:	Und gefällt es dir hier in Deutschland besser als im Iran?
Fr. N.:	Ja.
Johannes:	Und dann noch zum Abschluss, was wünschst du dir für die Zukunft hier in Deutschland für dich?
Fr. N.:	Also ich konnte nicht in Iran Polizistin werden. Ich konnte aber das schlecht mit dem also ähm. Ich kann nicht wenn ich denke, ich kann nicht zum Beispiel mit

dem Kopftuch ähm Polizistin werden. Dann ich hab das also ausgesucht einfach.

Johannes: Und jetzt möchtest du hier in Deutschland gerne Polizistin werden?

Fr. N.: Ja genau.

Johannes: Sonst noch etwas wichtig für dich, was du dir für die Zukunft wünschen würdest?

Fr. N.: Ja also mit meine Familie zusammen leben.

Johannes: Wo wohnt deine Familie?

Fr. N.: Meine Familie sind jetzt nähe Basel ähh in Reinfelder Bad. Süd von Deutschland.

Johannes: Süddeutschland?

Fr. N.: Ja.

Johannes: Und mit denen würdest du gerne zusammenleben?

Fr. N.: Also ich bin ähm früher als mein Bruder, also meine Mutter da gekommen. Ja … Dann Mein Mutter und mein Bruder sind in andere Bundesland. Ich bin ja Gießen. Ich hab Glück gehabt. Ich finde da ist nicht so schön. Da ist schlecht.

Johannes: Da wo deine Familie wohnt?

Fr. N.: Ja. Leider.

Johannes: Sind die auch schon anerkannt als Flüchtlinge?

Fr. N.: Ja.

165

Johannes:	Aber ihr konntet noch nicht zusammen ziehen?
Fr. N.:	Nein. Das seit ein Jahr. Ich weiß nicht wieso denn. Aber das gute Frage.
Johannes:	Ok Dankeschön.

Transkribiertes Interview mit Frau Ki. aus Eritrea

Johannes:	Dann sagen Sie am Anfang doch kurz etwas zu sich, wann Sie nach Deutschland gekommen sind und warum.
Fr. Ki.:	Mein Name ist, Vorname ist A. Ki. und ich bin 1984 eingereist. Damals war Krieg zwischen Eritrea und Äthiophien. Eritrea war unter der Besatzung von Äthiopien. Es war Kampf und wir sind aus Eritrea abgekommen und unsere Nachbarland ist Sudan. Wir sind nach Sudan gekommen.
Johannes:	Hmm…
Fr. Ki.:	Von Sudan, es gibt im Sudan ja viele Möglichkeit. Es gibt da Leute mit Passfälschung und sowas. Weil wir kommen nicht mit unsere Pass sondern wir flüchten zu Fuß oder mit Kamel oder irgendwas bis zum Sudan. Und von dort wir durfen ausreisen. Ich habe dann zwei Kinder gehabt, wo ich nach Deutschland gekommen bin. Meine ältere Sohn war ähh zwei Jahre und acht Monate alt und eine Tochter acht Monate.
Johannes:	Hmm…ok.
Fr. Ki.:	Ja genau ähm und von Sudan wir sind nach Italien reisen und von Italien nach Deutschland.
Johannes:	Hmm…

Fr. Ki.:	In Deutschland dann wir sind in Asylantenlager nach Schwalmbach, sind nach Schwalmbach gegangen. Und nach etlicher Befragung warum, weshalb, wie wir gekommen sind wir haben alles erzählt. Ok damals war bekannt unsere Probleme und es war auch sofort Anerkennung gehabt in Deutschland. Ich bin in August bekommen und im November haben wir halt anerkannt.
Johannes:	Hmm…
Fr. Ki.:	Zur Zeit ist vielleicht nicht so, vielleicht sind viele Flüchtlinge. Und bei manche gibt Probleme ist unbekannt und deswegen ja. Aber damals dieser Krieg es war Krieg zwischen Äthiopien und Eritrea war nicht unbekannt.
Johannes:	Hmm…
Fr. Ki.:	Von Schwalmbach bin ich nach Homberg. Wie heisst? Reinhardshein verlegt.
Johannes:	Hmm…
Fr. Ki.:	In Reinhardshein bin ich sieben Monate dort gelebt und danach bin ich nach Gießen.
Johannes:	Hmm…
Fr. Ki.:	Seit 85 meine Kinder in Gießen groß geworden. Ich habe noch ein Kind in deutsche Land bekommen. Ich habe drei

	Kinder. Ähh wo ich nach Gießen gekommen bin, ich habe Sprachkurs gegangen, ich habe meinen Hauptschulabschluss nachgeholt und zuerst habe ich Krankenpflegehelferin gemacht. Und das hat mir gefallen und ich habe dann Familienpflegerin gemacht. Und seit Dezember ich arbeite bei Lebenshilfe Wetzlar.
Johannes:	Hmm… Was hat Ihnen dabei geholfen hier in Deutschland eine neue Heimat zu finden, als Sie damals gekommen sind?
Fr. Ki.:	Ja damals wo ich gekommen bin ich komme von Kriegland und hatte zwei kleine Kinder. Und zuerst war ich froh dass ich in Deutschland war. Und in Deutschland wirklich sie haben uns mal aufgenommen und meine Kinder durften mal Kindergarten, ich durfte zur Schule zu gehen und arbeiten.
Johannes:	Hmm…
Fr. Ki.:	Eigentlich ich habe in Deutschland mehr gelebt als in Eritrea die ganze Zeit.
Johannes:	Ah ok…
Fr. Ki.:	Ja das ist …
Johannes:	Also haben Sie hier in Deutschland schon eine neue Heimat gefunden?
Fr. Ki.:	Ja. Bei mir kannst du das ruhig sagen. Ich sage auch überall und unterwegs. Ich

169

	fühle mich wohl. Meine Heimat ist ja auch Deutschland, weil wenn ich zurück gehe, ich glaube ich passe nicht zu die Leute.
Johannes:	Hmm…
Fr. Ki.:	Ja.
Johannes:	Haben Sie hier in Deutschland dann Geborgenheit und Sicherheit finden können?
Fr. Ki.:	Ja das ist richtig.
Johannes:	Konnten Sie die Vergangenheit, also das Negative was damals in Eritrea passiert ist, hinter sich lassen oder müssen Sie da noch oft dran denken?
Fr. Ki.:	Nein für mich es kommen manchmal. Aber es ist schwer, ich nicht darüber sprechen. Ähh ich habe mit die eritreische Kämpfer ich habe vier Jahre gekämpft. In meine Interview habe ich das nicht angegeben.
Johannes:	Hmm…
Fr. Ki.:	Ja ich habe nur gesagt dass ich habe den Rebellen geholfen. Ich habe gekämpft da und viele meine Kollegen gestorben sind habe ich vor mir gesehen.
Johannes:	Hmm…
Fr. Ki.:	Lange Zeit hatte ich das versteckt. Ich haben nie erzählt ja.

Johannes:	Hmm…
Fr. Ki.:	Ähh… Aber jetzt ich erzähle das. Ich weine darüber. Ich kann erzählen darüber. Natürlich das heisst ich habe jetzt hinter mich.
Johannes:	Hmm…
Fr. Ki.:	Erinnerungen muss ja.
Johannes:	Ja natürlich.
Fr. Ki.:	Ich erinnere mich manchmal traurig, manchmal weine ich darüber aber …
Johannes:	Hmm… Spielt der Glaube für Sie eine Rolle?
Fr. Ki.:	Ja. Ich glaube hundert prozentig. Bin sehr gläubig.
Johannes:	Der christliche Glaube ?
Fr. Ki.:	Ja. Normalerweise ich bin orthodox aber jetzt ich tendier mich dahin wo predigen, ich an Gott glauben. Ich gehen in evangelische Kirche, ich gehen in katholische Kirche. Egal welche Kirche vor mir ist, ich gehe rein.
Johannes:	Und was wünschen Sie sich für die Zukunft hier in Deutschland?
Fr. Ki.:	Für mich?
Johannes:	Für Sie ja.
Fr. Ki.:	Ich glaube ich habe noch nie gedacht was ich wünschen. Ich lebe und ich nehm es

wie es ist. Weiterleben gesund sonst etwas für mich selber es gibt nicht.

Johannes: Dankeschön.

Transkribiertes Interview mit Frau M. aus Iran

Johannes: Vielleicht fängst du einfach damit an kurz zu sagen wie du heißt, wo du herkommst, wie du nach Deutschland gekommen bist.

Frau M.: Gut, mein Name ist M. und ich komme aus dem Iran vor 28 Jahren. Danach das ist im Iran vieles passiert hat. Ähm ich habe meinen Beruf da ähm aufgegeben, mein Ex-Mann genauso. Wir haben beide unsere Beruf aufgegeben. Ich war acht Jahre bei Armee in Iran ähh tätig. Ich war Versicherungskauffrau für die Armee Leute und mein Ex-Mann war Bankangestellter.

Johannes: Hmm... Ok.

Fr.M.: Und dadurch, dass im Iran alles verspannt und unangenehm war ähh ich habe damals dieses Gefühl gehabt durch meine familiäre Akte, weil ich aus eine Familie bin die alle Armee Leute sind. Meine Vater, meine Onkels ähh die sind alle Armee Leute in Schah-Zeit tätig gewesen und dadurch hab ich auch diese Beruf durch Empfehlungen weil ich der Kind von eine Offizier war locker diese Stelle nach meinem Abitur bekam.

Johannes: Ok...

Fr. M.:   Und jemand der damals für mich Voll-
macht gegeben hat damit ich an diese Beruf komme war mein Onkel der durch
Chomeini umgebracht worden ist. Ähm
meine Onkel und zwölf andere Offiziere
damals die hatten versucht diese Regie-
rung wie man das nennt eine durch Armee eine Demonstration gegen diese Re-
gierung machen. Und die sind durch eine
Unterperson der mitgekriegt hat verraten
worden und die sind alle drei von Arbeit
weggeschleppt worden und nächste Tag
hatte meine Tante die Nachricht bekommen dass er tot ist und sie hatte das von
Radio gehört. Und als ich meine Tante
besucht habe dann waren wir alle hilflos
und wir wussten nicht wie das ist. Und
dann ich kann dir so erklären. Was diese
religiöse Mullahs in meine Heimatland
gemacht haben das ist das Grund dass
viele Leute in meine Generation die alles
mit gemacht haben und gesehen haben
wir glauben nicht mehr an Religion und
wir glauben nicht mehr an die Leute die
so behaupten. Ich habe meinen Glauben,
alles verloren. Ich glaube nur an Gott,
weil ich mir denke irgendwann Mohammed war genau eine solche Verbrecher,

die ähh alle Araber mit Zwang auf diese Religion Islam gezwungen hat. Genau das gleiche hat Chomeini damals mit uns gemacht. Und es gibt im Iran momentan eine riesige Graben von ihn die alles mit Gold ähh verschmiert ist oder so und alle die kleine Kinder die damals nicht gesehen haben und keine Ahnung haben die glauben dass er 13. Prophet von Muslimen ist. Und das ist so die Werbungen in diese Land. Und kannst du dir vorstellen was man alles gesehen hat, alles erlebt hat, man kann nicht mit diese Leute weiter unter eine Dach weiterarbeiten. Ja weil das Hass in mir drin ist.

Johannes: Hmm…

Fr. M.: Das war Hauptgrund und ja das was Hauptgrund, dass ich gesehen habe. Andere Seite der Mann von meine Cousine genauso ist umgebracht worden. Ein ganz junge Fallspringer mit 28 Jahren alt mit zwei kleine Kinder. Er hatte die Leute geglaubt die in Zeitungen und Zeitschriften geschrieben, dass alle Offiziere die im Geheimdienst waren und eine Waffe haben, die können sich bei uns melden, wir sind harmlos, wir machen nichts gar nichts, wir wollen nur die ähh Pistolen sammeln.

Johannes: Hmm … ok.

Fr. M.: Aber das war Lüge. Die haben die Leute auch verarscht. Und er hatte die Thema von Zeitungen und Zeitschriften geglaubt, hatte sich gemeldet und genauso die haben ihn auch umgebracht.

Johannes: Hmm … ok.

Fr. M.: Und deswegen sage ich für mich in meinem Beruf im Iran gab es überhaupt keine richtige Zukunft, wenn irgendwann meine Akte von diese Leute rausgekommen wäre. Das war klipp und klar wer ich bin. Und zweitens ich war mit gesamte Zirkus der Behörden nicht einverstanden, dass wir immer Mittagszeit zwangshaft im Frauenseite sitzen müssen und totale Unsinn von Koran lernen müssen. Das hatte mich nervlich genug belastet und ich war nicht in der Lage alles weiter mitmachen. Und deswegen habe ich mich schnell alles, habe als Friseurin etwas gelernt. Habe ich mich eine kleine Friseursalon für mich gemacht, weil ich dachte kann ich nicht mehr mit diese Leute arbeiten. Aber dadurch dass ich immer mal geträumt habe studieren. Und nach mei-

176

nem Abitur im Iran wegen diese Revolution die Universität war zu wegen diese Kulturrevolution. Danach war ich verheiratet, danach hat mein Leben seine Richtung geändert. Diese Wunsch ist so geblieben. Dachte ich mir ich bin nicht so alt und ich gehen nach Ausland und ich studiere. Damals die zwei Bruder von meinem Exmann die haben hier studiert in Fachhochschule. Die haben für mich die Zulassung geschickt. Alles geregelt. Und bin ich als Studium hierher gekommen.

Johannes: Hmm …ok. Und nach dem Studium bist du dann hier geblieben?

Fr. M.:   Ja ja ich bin die ganze Zeit in Gießen. Ich bin die ganze 28 Jahre in Gießen, weil ähh mit meinem Studium war mein Ex-Mann nicht so begeistert, weil er gemeint hat die alle Ausländer die hier studieren alle müsse irgendwann wieder Wurstbude arbeiten. Es gibt so viele Ingenieure die wir gekannt haben damals ähh die alle ja in solche Stellung tätig waren, die mit äh was die gelernt haben und studiert haben gar nichts zu tun. Und diese negative Druck auf mich äh irgendwann hat mich auf die Idee gebracht was er gewünscht hat mit ihm mit machen. Äh das heisst er hatte die ganze Zeit als Taxifahrer für die anderen gearbeitet halt und ich muss auch in meinem Studiumzeit arbeiten. Am Anfang hat alles aus dem Iran äh bezahlt worden. Irgendwann hat mein Onkel wollte nicht mehr. Und dann bin ich auf die Idee gekommen meine Studium abbrechen und mit ihm selbstständig machen. Dann habe ich das Studium abgebrochen und hab ich bei TÜV, bei diese akademische, wie das heisst, Mietwagen. Ich habe sechs Monat einen Intensivkurs besucht damit ich diese Unternehmerprüfung habe. Dann habe ich mich ich mich als Taxi-Unternehmerin selber ständig gemacht. Durch diese Selbstständigkeit und die andere Probleme, das ich mit meinem Ex-Mann hatte, äh irgendwann hab ich mir halt gemerkt Zusammenarbeit zwischen uns beide und Zusammenleben funktioniert nicht mehr. Und dann war ich geschieden. Und dann nach dem Scheidung mit zwei kleine Kinder hab ich trotzdem alleine 24 Stunde am Tag 3 Jahre lang gearbeitet.

Johannes:	Hmm…
Fr. M.:	Ich war die ganze Zeit nachts durch wach am Bahnhof Gießen.

178

Johannes:	Hmm… ok.
Fr. M.:	Ähm ja … dann irgendwann habe ich mir gemerkt gesundheitlich geht nicht. Das war für mich ein riesiges Druck als eine Frau, als eine Ausländerin und alleine in solche Job die relativ unter Niveau ist arbeiten. Und ähm dann äh ja dann hab ich die gesamte Geschäft verkauft und abgegeben. Und dadurch dass ich gedacht habe für mein Zukunft in diesem Land brauch ich ein Zeugnis in Hand haben. Und ich habe keine richtige Zeugnis gehabt. Dann habe ich damals äh meine Ausbildung im Großen- und Außenhandel mithilfe meinem Sohn der BWL studiert hat, habe ich gemacht. Und das war für mich eine große Hoffnung, dass ich damals auf die Beine kommen kann, mein Geld verdienen kann und eine ständige Arbeit haben kann.
Johannes:	Hmm.
Fr. M.:	Aber jetzt ist sechs Jahre lang, dass ich immer noch nicht keine richtige Arbeit habe. Und eine große Grund ist, dass ich nicht so jung bin für Arbeitsmarkt. Und äh ja aber trotz allem bin ich ganz ganz glücklich, dass ich in Deutschland bin. Und trotz allem bin ich ganz dankbar bis

Ende meine Leben, dass überhaupt diese Land mir diese Chance gegeben hat.

Johannes: Was hat dir damals geholfen als du hier nach Deutschland gekommen bist, hier dann auch wirklich eine neue Heimat zu finden?

Fr. M.: Ich kann dir so sagen Johannes, ich habe in mein Leben die ganze 28 Jahre hier nur der Stress gehabt, nur gearbeitet. Und ich habe nicht alles gewünscht und erwartet. Meine Erwartung von diesem Land war nicht so viel und ist nicht so viel. Aber das ist unheimlich schwierig.

Johannes: Hmm.

Fr. M.: Das ist unheimlich schwierig, dass man in einem fremden Land alles wieder null anfängt. Und danach wünscht für sich irgendwann wie alle andere Leute in diesem Land akzeptiert werden und in normale Rhythmus leben kann. Das ist eine riesige Kampf und das hat keine Ende .

Johannes: Hmm ... ja.

Fr. M.: Diese Kampf haben meine Kinder in diese Land nicht mehr. Und dadurch sag ich dir ich bin ganz glücklich. Und ich bin dankbar für trotz allem weil äh in ganze Welt es ist so. Man kann nicht verlangen alles aufgeben. Von null in eine fremde

Ecke etwas anfangen und danach alles rosa wird. Ich denke das ist normal. Das heißt ich und die Leute die in meine Generation, die wir sind wirklich Opfer von gesamte Politiksystem was in meine Land passiert ist.

Johannes: Hm.

Fr. M.: Aber wie ich gesagt habe ich bin mir sicher meine Kinder können in diesem Land ein normales Leben führen und dadurch bin ich insgesamt von allem zufrieden und glücklich.

Johannes: Ist Deutschland dann trotzdem für dich zu einer Heimat geworden?

Fr. M.: Ja das ist auf jeden Fall meine zweite Heimat. Und äh wenn ich momentan nach Iran fliege ich fühle mich da viel fremder in Vergleich wenn ich hier zurück bin. Ich kann dir sagen mehr als zwei Woche ich fühle mich in meine Heimatland nicht mehr wohl. Mein Kopf meine Lebenseinstellung. Ich musste mich hier mit deutsche System, mit Menschen hier zusammenpassen. Und durch diese Zusammenpassung man muss vieles lernen und ich habe versucht die positive Punkte, positive Charakter, was in Kultur ist, was das an Menschen ist versuchen zu lernen. Und was das falsch ist oder gewesen in meinem Kopf wegwerfen. Und dadurch ich bin mir ganz ganz sicher ich bin kein Mensch der vor alles 28 Jahre hier war, ich bin ein Misch-Masch dass ich selber dir nicht erklären kann, wer ich bin. Und äh deswegen sag ich dir diese Land genau meine zweite Heimat und ich fühle mich hier mit Sicherheit mehr wohler im Vergleich mit Iran und ein riesige Grund dazu ist, dass meine gesamte Familie aus dem Iran sind verstreut. Da hab ich auch nicht viele Leute. Das ist ein Grund. Zweite Leute die Iraner die da momentan leben sind auch nicht alle Iraner. Große Teile sind aus Afghanistan und Irak als Asylanten in den letzte Jahre gab. Wenn man in die Stadt läuft man sieht nicht nur Iraner. Die sind Afghaner, die sind auch Irak viele Leute und wie ich gesagt habe, meine Familie wegen diese Druck und alles damals viele sind verstreut. Und da im Iran die ganze System hat sich nicht verbessert und was das alles momentan läuft viele Leute fühlen sich immer noch überhaupt nicht wohl und deswegen was will ich in diese Land.

Johannes:	Also hast du hier in Deutschland dann auch Sicherheit und Geborgenheit gefunden?
Fr. M.:	Auf jeden Fall. Die Sicherheit die ich hier fühle hab ich 100 im Iran nicht. Weil da ist immer Zwang. Da ist äh Macht von Pistole immer noch ja. Das heisst du kannst nicht deine Meinung äußern, du kannst nicht Mund aufmachen. Und das ist eine riesige Druck und so bestimmt für die zu vorstellen irgendwo leben kann. Man muss immer Mund halten.
Johannes:	Ja.
Fr. M.:	Das ist ein verspannte Situation für alle Leute die momentan da leben müssen.
Johannes:	Und konntest das was damals passiert ist bevor du nach Deutschland gekommen bist schon komplett hinter dir lassen oder musst du da noch oft dran denken?
Fr. M.:	Wenn ich mir hinterließ mir gelassen hätte würde ich jetzt normal mit dir reden können.
Johannes:	Da merkt man auch, dass es dich noch bewegt.
Fr. M.:	Das kann man nie vergessen. Das kann man nie vergessen, weil ich wollte nicht meine Heimat verlassen ja. Das ist einsam sein ist für mich auch ganz unangenehm.

183

Ja weil ich fühle mich nach 28 Jahre hier auch einsam. Meine große Kontakt ist nur mit meine Kinder und paar Leute die ich kenne. Aber große riesige Freundenkreis kann man nicht haben, weil viele Gründe hat. Ein große Grund ist, dass man seine Karriere aufbauen muss in eine fremde Land. Man muss sein Geld verdienen. Man hat nicht viel Zeit Freundenkreis aufbauen bis heute immer noch nicht. In meinem Alter heute denke ich mir anstatt dass ich mit neue Freunde mich beschäftige und meine Zeit investiere zum Beispiel kann ich bei online sitzen und mich weiterbilden, weil diese Welt arbeitet nur mit Computer und irgendwann bin ich von Gesellschaft weit weg. Das ist immer so. Wenn du das mitmachen musst, du musst immer dabei sein, lernen und andere Seit wie ich gesagt habe, seit 14 Jahre war ich alleine stehend. Das war nicht so einfach und äh ja jetzt ich bisschen mehr für mich aber jetzt in meinem Alter Freundenkreis aufbauen ist auch nicht so einfach. Freunde, gute Freunde, man hat wenn man jung ist. Von Schulzeit, Studienzeit und so weiter ja. Und durch diese Hoch und Runter in solche Leben man

	hat nicht viel Zeit sich mit viele Menschen beschäftigen oder Freundschaft aufbauen.
Johannes:	Spielt der Glaube für Sie eine Rolle?
Fr. M.:	Ich glaube an Gott auf jeden Fall. Und ich glaube an äh was das man Gutes tut und das ist für dich so erzählen. Was ich in meine Kindheit gelernt habe bleibt in meine Seele. Kann nicht weggehen. Und ich habe das ob das nach Religion oder Kultur war oder familiäre Erziehung, ich weiß nicht. Aber diese alle drei Punkte zusammen kann den Charakter ein Mensch aufbauen. Ich sage dir, wenn ich nachts schlafen will und an diesem Tag denk ich mir etwas Gutes getan, gibt mir ein gutes Gefühl. Ohne Rücksicht äh dass ich bei Gott oder irgendwie bei meine Religion gut machen kann. Und ich glaube an Gott weil mir Sicherheit gibt es. Mehr kann ich dir nicht sagen. Ich kann nicht behaupten, dass es keinen Gott gibt aber die Religionen in ganz Welt, wenn man sieht alle Religionen und welche Probleme was immer äh aufgetaucht ist und was immer passiert ist. Das kann ich ganz gut für mich sparen. Ich bin über-

	haupt nicht gebunden eine bestimmte Religion. Will ich auch nicht.
Johannes:	Hmm.
Fr. M.:	Ich möchte eine Mensch sein. Deswegen behaupten ich bin ein Mensch und tue niemand etwas Schlechtes und wenn ich tuen kann möchte ich gerne ein Mensch sein.
Johannes:	Ja … hmm. Und nochmal jetzt zum Abschluss, was wünschst du dir für die Zukunft?
Fr. M.:	Ich wünsche mir für meine Zukunft so weit, dass es geht, Gesundheit, nicht riesige Probleme bekomme, dass ich nicht dadurch zur Last für meine Kinder werden. Äh Das ist mein große Wunsch gesundheitlich. Und zweite Schritt ist, dass ich nach allem was ich durchgemacht habe, dass ich endlich einen Job habe, dass ich äh behaupten kann, ich kann mein normales Leben mit meinem Verdienst, Geld, ohne Unterstützung von Geld, ohne dass ist gebunden bin, leben kann. Weil diese Art von Leben äh das ist auch ein großes Druck. Das ist nicht meine Art und äh das belastet mich die ganze Zeit. Das ist für mich ganz ganz unangenehm, dass ich behaupten muss, ich bin an Stadt

	gebunden. Das war nie Ziel. Das ist nicht mein Ziel und das nervt. Das nervt. Und wie ich diese Problem lösen kann, ganz ehrlich, bin ich hilflos, weil ich fast alles gemacht habe und mache immer noch.
Johannes:	Hm.
Fr. M.:	Momentan hab ich nur eine Aushilfejob. Das ist ein gute Job aber das ich als ich das angefangen habe ich dachte mir vielleicht wenn du deine Leistung zeigst, wenn du zeigst was du machen kannst, würdest du da Angestellte. Aber von vornherein fehlt die Budget und kannst du vergessen. So was soll ich machen? Aufgeben und eine andere Nebenjob suchen? Oder hier durchmachen und gleichzeitig mich für eine feste Stelle mich bewerben, bewerben, bewerben?
Johannes:	Hm.
Fr. M.:	Aber ich weiß es nicht. Ich lasse mich nur überraschen und ich warte auf Überraschung. Mehr nicht.
Johannes:	Dankeschön.

Transkribiertes Interview mit Hr. P. aus Afghanistan

Johannes:	Sagen Sie am Anfang doch kurz wo Sie herkommen und seit wann Sie in Deutschland sind.
Hr.P.:	Ja ich bin seit 2 Jahren in Deutschland und ich komme aus Afghanistan. Ich glaube ähh.. 13.3.2011 bin ich gekommen hier Deutschland. Erste Mal von Afghanistan nach Iran, von Iran nach Türkei und von der Türkei nach Griechenland, Griechenland nach Italien, Italien nach Deutschland.
Johannes:	Hmm.
Hr.P.:	Und ja ähh vor zwei Jahren, hat drei Jahren, vor zwei Jahren genau und andere Frage ist?
Johannes:	Genau, dann sind Sie ja hier, haben das Asylverfahren durchlaufen und wurden ja als Flüchtling anerkannt.
Hr.P.:	Ich habe nicht verstanden
Johannes:	Asylverfahren haben Sie gemacht?
Hr.P.:	Ja habe ich gemacht
Johannes:	Genau
Hr.P.:	Ja habe ich erst einmal ich komme Gießen, ich gegangen Asylheim und dann mir geschickt nach ähh Ostdeutschland
Johannes:	Hmm.

Hr.P.:	Und ich war sechs Monaten in Asylheim Ostdeutschland. Und danach mein Pass bekommt und in Freiheit ich gesagt ja ich gehen nach Gießen oder andere Stadt.
Johannes:	Hmm.
Hr.P.:	Ich muss versuchen mein Deutschkurs zu besuchen, arbeiten und so. Ostdeutschland eine kleine Stadt war ich. Ja.
Johannes:	Und dann ist Deutschland für Sie jetzt zu einer neuen Heimat geworden.
Hr.P.:	Ja genau.
Johannes:	Was hat Ihnen dabei geholfen, dass Deutschland zu einer neuen Heimat geworden ist?
Hr.P.:	Ja natürlich viel geholfen mir erste Mal bin ich gegangen in Diakonische Werk.
Johannes:	Hmm.
Hr.P.:	Ähh… bei Frau Reuß und Herr Henderson sehr netter und viel geholfen immer und alle Sachen. Ja alle Probleme Arbeitsamt und Wohnung suchen. Mein Deutschkurs und alles er hat geholfen. Momentan meine Familie auch immer. Mit andere Leute Kontakt gehabt Herr Henderson.
Johannes:	Hmm.
Hr.P.:	Ja

Johannes:	Fühlen Sie sich jetzt hier sicher hier in Deutschland?
Hr.P.:	Bei mir?
Johannes:	Ja.
Hr.P.:	Ja genau.
Johannes:	Schön. Und konnten Sie das Negative, Schlechte was damals passiert ist in Afghanistan konnten Sie das hinter sich lassen oder müssen Sie da noch oft dran denken?
Hr.P.:	Ich habe nicht verstanden.
Johannes:	Das Schlechte was passiert ist in Afghanistan, weswegen Sie dann geflohen sind, müssen Sie da noch oft dran denken? Oder konnten Sie das so zur Seite schieben?
Hr.P.:	Ja genau
Johannes:	Ja ... zur Seite schieben.
Hr.P.:	Ja.
Johannes:	Ok und ähm gab es, gab es hier in Deutschland so Erfahrungen des Zuspruchs für Sie also ähm besonders positive Erlebnisse was Ihnen geholfen hat hier anzukommen und hier neu anzufangen?
Hr.P.:	Nicht verstanden richtig.
Johannes:	Ok ähm was hat Ihnen dabei geholfen, welche positiven Erlebnisse haben Ihnen

	dabei geholfen hier in Deutschland neue Heimat zu finden?
Hr.P.:	Ich nicht verstanden.
Johannes:	Ok ok. Spielt der Glaube für Sie eine Rolle? Glaube an Gott.
Hr.P.:	Ich bin Christ.
Johannes:	Sie sind Christ.
Hr.P.:	Ja ich bin Christ. Habe ich getauft in Hannover vor 2 Jahren, 2011. Bin ich getauft in Hannover. Ja ich bin Christ und immer ich gehen zum Gottesdienst morgens, abends Sonntag. Am Abends ähh Studentgemeinde.
Johannes:	Hmm.
Hr.P.:	Und vormittag alle Leute da. Alle Leute, Ausländer kommt, neue Leute und nach dem Kirche eine persische Gemeinde da.
Johannes:	Hmm.
Hr.P.:	Bibelgemeinde ja. Ich bin immer da. Ganze Tag.
Johannes:	Und was wünschen Sie sich für die Zukunft? Für Ihre Zukunft hier in Deutschland? Für das was noch kommen wird hier in Deutschland. Also was wünschen Sie sich? Was noch passiert, was Positives.
Hr.P.:	Bei mir? Immer äh.. schön. Immer besser Alle Leute ist nett hier, viel geholfen,

immer bin ich glücklich ja. Und viele schöne Sache passiert ja immer ist gut gelaufen.

Johannes: Ok Dankeschön.

Transkribiertes Interview mit Hr. T. aus der Türkei

Johannes: Ok, vielleicht sagen Sie am Anfang kurz Name, wo Sie herkommen und so.

Hr. T.:   Ok ich bin T., 34 Jahre alt und 1979 geboren. Ich ähh bin Kurde von Türkei und seit 2004 ich gekommen eingereisen nach Deutschland und ich war fast 5 Jahre in Asylheim gelebt. Und erste Mal war natürlich schwierig. Ich habe Medikamente und so. Das kommt wegen Deutschland eine fremde Land war, ist das nicht einfach. Da läuft alles über Dokumentenbürokratie und da so viel Sache wenn du kannst nicht erzählen oder so manchmal kriegt man Missverständnisse in diese Sache.

Johannes: Hmm... Hmm...

Hr. T.:   Dann wurde ähh... erste und zweite Jahr zum gehören bisschen anderes leben. Nicht wie Türkei ist das. Das dauert ein oder zwei Jahre und nach dem zwei Jahre war das Sprache geschaffen dass Leute bisschen besser integrieren natürlich. Und außer das ich habe ähh viel Diakonie Kontakt gemacht und die hat mir auch zurück geholfen. Die Frau S. von Diakonie, eine Iranerin, Dr. Frau S. die war sehr nett und ich bin jetzt ähh ich habe eine Kind fast sechs Jahre alt bald. Und ich habe … ist so gewesen.

Johannes: Hmm…

Hr. T.: Ich habe Aufenthalt Anerkennung bekommen und ich habe Sprachschule besucht. Auch zählt das.

Johannes: Hmm…

Hr. T.: Weiß nicht, was wollen Sie noch hören?

Johannes: Wie haben Sie es geschafft hier in Deutschland einen neuen Anfang zu finden?

Hr. T.: So schwer.

Johannes: Schwer … hmm.

Hr. T.: Sehr schwer, wobei jede Leute ist schwer. Bei mir auch. Ich habe   Depression.

Johannes: Hmm… Hmm…

Hr. T.: Das war schwer. Ich war Krankenhaus, die hatten mir anderes Diagnose gestellt und die Tabletten, statt Tabletten. Und diese Zeit war ähhh ist schlimm. Ich sollte die drei vier Jahre nehmen und das war sehr schlimm.

Johannes: Hmm… Und dann haben Sie eine Frau kennengelernt und ein Kind bekommen.

Hr. T.: Ja.

Johannes : Ja

Hr. T.: Ich habe Frau kennengelernt und Kind bekommen aber erst ich habe Tabletten gewechselt. Ich habe gewechselt und ich habe leichte Tablette genommen und habe bei mir mein Leben ist einfach gemacht. Aber manchmal ich gehe die Behörden Beispiel mal Arbeitsamt oder Jobcenter, ich will beruflich was machen. Die wollen nicht einfach sagen nein aber die schicken dich irgendwo. Du musst dort so Dokumente erledigen so. dann wenn du hast alles gemacht die finden noch anderes etwas. Dann geben vielleicht eine Information über mich schlecht, weil ich habe so viel schlechte Informationen bekommen. Weiß nicht woher kommt das. Ich bin fünf Jahre in Asylheim. Die Sozialarbeiterin sagt, er macht keine Streiten. Ausländerbehörde, Person mit mir beschäftigte er sagt, er halte das zurück von Streiten. Und ich helfe jede Leute, vielleicht deswegen ich kriege Ärger und falsche Informationen. Manch eine wollen das nicht …ja aber manche Sache ich habe Recht zum etwas sagen, wenn das gefällt ihnen nicht, die machen mich schlecht aber ich will das wissen, woher ich bekomme diese Informationen.

195

Johannes:	Hmm….Hmm…
Hr. T.:	Wer macht das?
Johannes:	Ja.
Hr. T.:	Das Jugendamt macht das oder eine Jobcenter macht das oder eine Sozialamt macht das zum mit mir Asylheim beschäftigt. Beispiel ich nehmen Depressionkrankheit, die Chefin kann das wissen aber sie muss nicht die andere meine Asylkollegen erzählen. Darf nicht, das ist Geheimnis. Bei Diakonie auch so genauso. Das ist Schweigpflicht. Die dürfen nicht. Kriegt man keine Erlaubnis. Wenn die erzählen, dann später ich kriege mit andere Leute schlechte Behandlung. Ich verderbe Respekt und kriege Misstrauen. Darum muss ich denen sagen, wenn ich sage es geht nicht die machen einfach die Sozialamt schlecht. Die Sozialamt macht dich irgendwo anders schlecht. Die machen Leute so Überfälle bekannt aber das ist ähh das heisst ich hab mich schlecht gemacht. Die machen, die finden immer bei dir eine Probleme, die erzählen das.
Johannes:	Aber fühlen Sie sich trotzdem sicher und geborgen hier in Deutschland?
Hr. T.:	Ja ich bin gewöhnt Beispiel. Ich bin jetzt gewöhnt.

Johannes:	Hmm… Haben Sie sich jetzt daran ge-wöhnt wie das in Deutschland so läuftt?
Hr. T.:	Ja … ich hab gewöhnt.
Johannes:	Und konnten Sie da die Vergangenheit hinter sich lassen, also da das Schlechte was damals in Syrien passiert ist?
Hr. T.:	Ähh das ist ähh so das ist jetzt 9 Jahre her, fast alles vergessen. Wir hören nur, wenn ich hören von draußen oder von die Leute.
Johannes:	Ja.
Hr. T.:	Aber ich gucke nicht so viel Fernsehen. Ich habe Kind, ich habe keine Zeit für sol-che Sachen. Ich habe sehr viel Bücher ge-lesen aber ich hab seit Deutschland ich hab kein Interesse.
Johannes:	Hmm….Hmm…
Hr. T.:	Ich lerne andere Sachen … ja.
Johannes:	Haben Sie hier Zuspruch erfahren in Deutschland, also was Positives?
Hr. T.:	Positives ähh ist so wenn du ähh bist aktiv und so wenn du kennst die wegen weil hier so viel weg gibt aber wenn du weißt nicht du kriegst nie Einführung. Wenn du weißt das geht einfach oder wenn irgendwo deswegen. Deswegen Diakonie und Caritas deswegen ist sozu-

	sagen ist gut. Beispiel Frau S. war sehr gut bei mir.
Johannes:	Hmm….Hmm…
Hr. T.:	Sie hat alles meine Arbeit gemacht. Jobcenter kommen etwas ähh Dokumenten dies steht nein aber wir gucken die Bücher und normalerweise sie hatten dann Recht aber die schicken so.
Johannes:	Hmm….Hmm… ja.
Hr. T.:	Wenn du weißt nicht sie sagt eine Person die sagt ja ich hab Recht oder kein Recht. Aber wenn du weißt Gesetz und so du kriegst immer dein Recht. Dafür ähh kann man nicht alle Gesetzbücher lesen aber wenn Informationen kommen die Sozialarbeiter kriegen schon.
Johannes:	Hmm…Hmm…Spielt der Glaube für Sie eine Rolle?
Hr. T.:	Wie?
Johannes:	Der Glaube.
Hr. T.:	Glaube bei mir ist ähh ich bin normalerweise ähh ist so ich habe jetzt seit Asylheim gelebt mit viele Leute und ich habe Glaube nix. Ich glaube an einen Gott ist ein Gott. Ich respektiere Menschen und so. Außer das bei mir der eine Hindu oder eine Buddhist oder eine Moslem oder

	Christ bei mir egal. Meinem Kind auch weil deutsche Name.
Johannes:	Hmm…Hmm… Hat Ihr Kind und Ihre damalige Frau Ihnen dabei geholfen hier in Deutschland gut zurecht zu kommen?
Hr. T.:	Ja sie hat mir ähh geholfen.
Johannes:	War Sie Deutsche?
Hr. T.:	Nein. Deutsche Einbürgerin aber polnische Deutsche.
Johannes:	Polnisch?
Hr. T.:	Ja.
Johannes:	Ok … und was wünschen Sie sich für die Zukunft hier in Deutschland? Was wäre Ihnen wichtig?
Hr. T.:	Ich will eine Ausbildung. Ich habe Abitur in meine Heimat und habe hier Anerkennung gelassen für mittlere Reife und ich habe vier Jahre eine Bildungskurs besuchen. Die hatten vier Jahre, die hatten Jobcenter wollte nicht mehr. Weil wollte nicht ausgeben weil kostet vielleicht Geld aber ich hatte meine Seite verloren.
Johannes:	Hmm…Hmm…
Hr. T.:	Einmal geht dort, einmal geht dort. Ist so. Ich gucke die andere Weg. Ja … Vielleicht irgendwo Arbeitsplatz kommen kriegt man dort auch.

Johannes:	Ja … Hmm… Und so persönlich für sich? Was wäre Ihnen da wichtig in Zukunft?
Hr. T.:	Persönlich ich … du musst hier dein Leben kommen und so besser. Nicht gucken die andere Leute.
Johannes:	Ok…Dankeschön.
Hr. T.:	Danke auch.

Über den Autor Johannes Stephens

Sozialpädagoge B.A. & M.A. mit gemeindepädagogisch-diakonischer Qualifikation (FH), Coach (zertifiziert), psychologischer Berater (zertifiziert), Organisations- und Fundraisingberater, Buchautor

Weitere Publikationen:

Stephens, Johannes (2013): Flucht ist kein Verbrechen – Situation von Asylbewerbern in Deutschland. Akademischer Verlag: München.

Stephens, Johannes (2013): Armut und soziale Gerechtigkeit – Armes Deutschland? Theorie und Praxis. Akademischer Verlag: München.

Stephens, Johannes (2019): Der konstruierte Flüchtling. Eine Analyse zur Konstruktion des Flüchtlingsproblems in Europa. BOD: Norderstedt.

Kontakt Johannes Stephens

www.johannes-stephens.de
Gerne stehe ich für Workshop- und Seminaranfragen zur Verfügung.